都電が走った
1940年代〜60年代の東京街角風景

稲葉克彦 著

【写真】江本廣一、小川峯生、荻原二郎、中村夙雄、日暮昭彦、丸森茂男、山田虎雄

都電15系統830早稲田行き◎小川町　1948（昭和23）年9月30日　撮影：中村夙雄

Contents
都電が走った
1940年代〜60年代の
東京街角風景

Chapter 1　都心・城南
銀座、数寄屋橋	8
日本橋	20
神田、秋葉原	24
丸の内、八重洲、日比谷	32
新橋、赤羽橋、六本木	40
品川、目黒、恵比寿	46

有楽町の国鉄ガードを潜り抜けで数寄屋橋手前にある日本劇場脇の晴海通りを行く11系統6080月島行き。晴海通りの手前は路盤を掘り下げ、地下駐車場と営団地下鉄日比谷線の工事が進行中。日劇は1981（昭和56）年に解体され、1984年11月に商業施設「銀座マリオン」が開業。東側に西武百貨店、西側に阪急百貨店が入ったが、2010（平成22）年に西武百貨店は撤退している。クハ16他が走る国鉄ガード下の日本交通公社は現在もJTBとして同所で営業中である。◎1958（昭和33）年9月4日　撮影：小川峯生

Chapter 2　城東

上野、御徒町、浅草、押上 …………… 56
浅草橋、両国 …………………………… 62
錦糸町 …………………………………… 64
小松川、水神森 ………………………… 68
葛西橋、門前仲町 ……………………… 72
東荒川 …………………………………… 73

Chapter 3　城西・城北

渋谷、中目黒、霞町 …………………… 78
高田馬場、信濃町、市ヶ谷 …………… 84
新宿 ……………………………………… 88
新宿西口、荻窪 ………………………… 96
江戸川橋、水道橋、神明町 …………… 100
池袋 ……………………………………… 104
大塚 ……………………………………… 108
巣鴨、王子、赤羽 ……………………… 110
町屋、荒川車庫、三ノ輪橋、千住 …… 116

はじめに

　現在では荒川線の三ノ輪橋〜早稲田間のみとなっている都電は、1960年代の中頃までは都内のどこでも見られる路面電車で、自動車が普及するはるか以前、明治時代からの庶民の足であった。第二次世界大戦では多くの車両が焼失。終戦後は、傷んだ車体を修理したり木造車の部品を流用することで車体を新造してやり繰りをしていた。

　その後、1950年代から鉄道の動力近代化の機運が高まる中、高速電車に採用され始めていたカルダン駆動を含むアメリカP.C.Cカーの技術を搭載した5501が製造され、流線型車体の意欲的な高性能車両を走らせた。しかし、その頃ピークを迎えていた乗客数は昭和30年代に入って下降線を描き始める。高度経済成長の中で、自動車の普及と地下鉄の相次ぐ開通は次第に路面電車の居場所を奪ってしまう。

　1956 (昭和31) 年には都電の将来を見据えて、耐用年数を10〜12年程度と見込んだ軽量、コストダウン設計の8000形が登場。1959年には警視庁による軌道敷内への自動車の乗り入れが解禁となり、渋滞に巻き込まれた都電は定時運行もままならない状況となってしまう。

　1964年の東京オリンピック開催に向けて地下鉄や高速道路、新幹線の建設ラッシュが進み、東京の街は大きく変わり始める。地下鉄丸ノ内線の開通に伴い、1963年11月の14系統杉並線廃止を皮切りに都電の路線廃止が始まる。昭和42年12月9日には都心から城南地区にかけての多くの路線が廃止された。銀座では別れを惜しむ人々が押し掛ける光景が見られた。その後も路線縮小が続き、1972年11月11日には、城東地区に残っていた路線が営業終了。残ったのは、27系統と32系統を合わせた三ノ輪橋〜早稲田だけとなり、それが現在の荒川線である。戦前〜戦後の全盛期時代の東京市電と都電の様々な車両と東京の街並み、風景の移り変わりを本書で楽しんでいただければ幸いである。

2017年12月　稲葉克彦

青梅街道の新宿駅前に停車中の14系統264荻窪駅行き。264は旧西武鉄道新宿軌道線からの引継車で、大正14年製の250形251〜255に続き、260形261〜265として昭和2年に製造されたオープンデッキの高床式木造ボギー車である。西武時代の形式番号は33形33・34と、35形35〜37、41形41〜45である。番号順であれば264は旧西武41形44という事になる。側窓両端は楕円形の丸窓があったが後に塞がれている。前後に各2本のポールが付いた姿。後ろに国鉄のガードが見える。◎新宿駅前　1948 (昭和23) 年10月22日　撮影：中村夙雄

Chapter 1

都心・城南

　1882(明治15)年6月の東京馬車鉄道新橋〜日本橋に日本初の鉄道馬車運転を開始。1900(明治33)年に電気鉄道の免許を取得して電車鉄道へ転換。東京電車鉄道、東京市街鉄道、東京電気鉄道が東京都心部を中心に路線を拡大し、1906(明治39)年に鉄道3社を合併して東京鉄道を創立。1911(明治44)年に東京鉄道は東京市営になり、これが市電、都電のスタートとなった。

　都電時代の都心、城南エリアには、三田、目黒の2か所の電車営業所があった。三田電車営業所は1系統(品川駅前〜上野駅前)、2系統(三田〜東洋大学前)、3系統(品川駅前〜飯田橋)、37系統(三田〜千駄木二丁目)の4路線。目黒電車営業所は4系統(五反田駅前〜銀座一丁目)、5系統(目黒駅前〜永代橋)の2路線を受けもっていた。

33系統の終端、浜松町一丁目電停に到着した8098は折返し四谷三丁目行きとなる。「会津屋」は、現在は交差点右側に移転して営業していたが、会津屋ビルの名前が残り、営業はしていないようである。浜松町一丁目を出ると、御成門を経て、神谷町交差点を左折して国道1号桜田通りを南下。飯倉一丁目で右折して外苑東通りに入って北上し、六本木を抜けて赤坂御用地と神宮外苑の森の間を通り抜け、国鉄信濃町駅西側を専用橋で渡って、四谷三丁目に至る路線である。◎浜松町一丁目　1968(昭和43)年　撮影:荻原二郎

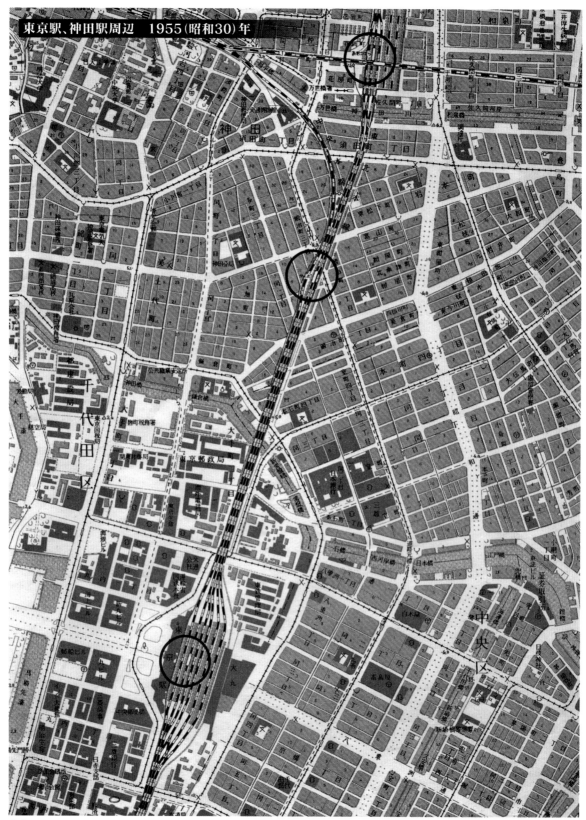

東京駅、神田駅周辺　1955（昭和30）年

東京駅が置かれている丸の内と八重洲、その北の神田と秋葉原付近の地図である。昭和通りや八重洲通りに都電路線はないものの、東京駅周辺の主要道路のほとんどに、都電の路線が張り巡らされていた。その中で最も歴史の古いものは、中央通りを走る1系統で、1882（明治15）年開通の東京馬車鉄道に起源を発し、明治後期に電車化されている。八重洲側では駅前から南北の数寄屋橋、呉服橋方面に延びる外堀通りの路線も見える。一方、丸の内側には南の都庁方面から駅前の南口、北口を経て丸の内1丁目に至る路線が存在した。

田町駅、三田周辺　1955(昭和30)年

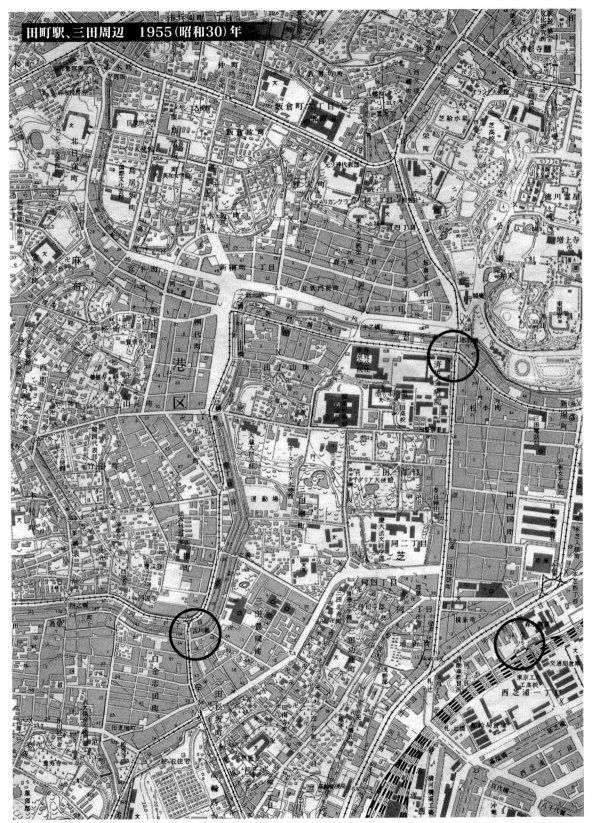

国鉄線に沿うように走る第一京浜（国道15号）には東京最古の路面電車が走っており、田町駅前付近の札ノ辻からは、北側の慶應義塾大学方面に延びる都電路線がある。この路線は、赤羽橋を経由して神谷町方面に延びていた。一方、西側の高輪台方面には3本の路線が見え、古川橋で1本の路線となって一ノ橋に至る。ここで大きくカーブして、赤羽橋方面に向かい、三田方面から来た路線と合流することになる。ドイツ大使館、メキシコ大使館などがある飯倉・六本木付近には、六本木交差点で交差する2本の都電路線があった。

銀座、数寄屋橋

銀座4丁目停留場に停車中の4系統1036五反田駅行き。背後にある服部時計店には「TOKYO PX」という看板が見える。1945 (昭和20) 年の敗戦後にわが国がアメリカ軍によって占領されていた時代に進駐軍用の売店となっていた時代の表記である。「PX」とはPost Exchangeの略で、アメリカ軍用語である。軍隊内で飲食物や日用品などを売る店をさす。占領時代は銀座では服部時計店や松屋銀座が接収されてPXとされていた。1036は1933 (昭和8) ～10年に老朽化した木造電車旧1000形の台車、電機品を流用して85両が製造された高床式小型ボギー車。戦災で21両を焼失。5両が復旧。他に戦時中、中国の新京市電へ7両を譲渡。戦後の欠番整理で1001～1062となった。前後にポールが付いた時代。◎銀座4丁目 1948 (昭和23) 年10月22日　撮影:中村夙雄

和光をバックに冬の日差しを浴びて銀座通りの銀座四丁目に佇む5504上野駅行き。流線型の車体、前面の一段窪んだところに後方に傾斜された正面ガラス、Hゴムで固定された窓のデザインはアメリカP.C.Cカーの特徴である。その名前の起源はアメリカ合衆国の「Electric Railway President's Conference Committee （ERPCC：電気鉄道社長会議委員会）によって開発された路面電車である。自動車との競争でじり貧状態にあった路面電車の起死回生を図り、1930年代に「PCCカー」が開発された。流線型の車体とスムーズな動力性能を持つ路面電車またはそれに準じた構造の路面電車で、第二次世界大戦後、多くの国々で導入された。超多段式制御器、直角または平行カルダン駆動、弾性車輪、発電ブレーキ、主幹制御器とブレーキ弁を同軸化して一体化したワンハンドル・マスコン等々の様々な技術があった。東京都交通局では1953 (昭和28) 年に、当初アメリカからGEタイプとWHタイプの完成車を各1両輸入する予定だったが、国産で行うことを決定。初のPCCカーとしてナニワ工機で5501の製造を開始。ライセンス供与等に手間取り、急遽ナニワ工機に同じ車体を発注し、試作車用として用意してあった国産の電機品、台車等を流用して製造した5502が同年11月に5501より先に完成。5502に遅れて1954 (昭和29) 年5月に完成した5501は日本初のPCCカーであったが、運転機器はマスコンと呼ばれるコントローラーとブレーキがバスのような足踏み式であったため乗務員からは運転しずらいと不評。結局、PCCカーのライセンスを使用せず、直角カルダンから平行カルダン駆動、マスコン、ブレーキ弁は従来のタイプとした5502の仕様で製造されることになり、1955 (昭和30) 年11月・12月に5503～5507がナニワ工機で製造された。5501では台車が車体外板に覆われていたが、5502以降では台車部分が露出した一般的な形状になった。◎銀座四丁目 1961 (昭和36) 年1月27日　撮影:中村夙雄

1系統5507品川駅行きが和光をバックに走る。鳩居堂の昭和初期建築のビルの屋上にはテレビの星型広告塔が見える。右隣は四丁目交差点角にある三愛。1963 (昭和38) 年に円筒形の三愛ビルに建て替えられた。服部時計店の和光ビルの奥に背の高い教文館書店のビルが現在も同じ場所で営業中。その他は低層ビルばかりだ。◎1958 (昭和33) 年2月5日　撮影：小川峯生

晴海通りの銀座5丁目停留場付近から数寄屋橋方向を眺めると11系統6066旧塗装勝鬨橋行きがやってきた。低層ビルであった三愛の上には皇太子ご夫妻ご成婚お祝いの肖像画が掲げられている。1959（昭和34）年4月10日のご成婚前後の春の日差しが降り注ぐ昼下がり。柳の若芽が風にそよぐ中、通りを行く自転車に乗った割烹着を着た若い男性、電停で都電を待つサラリーマンの表情は心なしか軽やかで弾むように明るい。その脇をボンネットバスが走る。1961（昭和36）年刊行の『東京都交通局50年史』によると、1959年4月10日に皇太子殿下御結婚奉祝花電車運転とある。◎1959年4月　撮影：小川峯生

中央通り銀座四丁目交差点から新橋方向を見て1系統6018品川駅行きを見送る。三愛の上には皇太子ご成婚を祝う肖像画と日の丸の旗がはためく春の昼下がり。後ろの鳩居堂ビル屋上に1954（昭和29）年に設置されたナショナルテレビの星型の広告塔が目立つ。その後ろにワシントン靴店、小松ストアが並ぶ。いずれも高層ビル化したが現在も営業中。都電のすぐ脇には交通整理の手信号を行う警官のキリッとした姿が。信号機だけでは捌ききれないのであろうか。銀座通りの左側には1924（大正13）年開店の銀座最古参の百貨店である松坂屋銀座店が見える。2013（平成25）年の閉店後に建て替えられ、2016（平成28）年4月に新百貨店「GINZA SIX」が開店した。◎1959（昭和34）年4月　撮影：小川峯生

11系統8123月島行き、9系統6213青山・渋谷行きが晴海通り数寄屋橋交差点を行き交う。3両とも5500形以降の新塗装である。トヨペットクラウンは車体の丸みが大きい。晴海通りに掛かる「東京高速道路」の高架下の空間を利用した食品系の百貨店として、1958（昭和33）年5月に有楽フードセンターがオープン。交差点左角の不二家、その奥の富士銀行はみずほ銀行となったが現在は外資系衣料品店に代わった。交差点左角は1966（昭和41）年4月に日本初のショールームビルとしてソニービルが開店。銀座の新名所として人気を集めたが、2017年3月31日に建て替えのため閉店。現在建て替え工事が進められている。右側に見える「森永地球儀ネオン」と呼ばれる広告塔は1953（昭和28）年4月に設置されて数寄屋橋のランドマークとして親しまれたが、1983（昭和58）年に解体された。
◎1960（昭和35）年2月24日　撮影：小川峯生

晴海通りと外堀通りが交わる数寄屋橋交差点を晴海通り直上の西側から俯瞰。不二家の後ろで建設中であった富士銀行のビルが完成し、白い外観を見せている。外堀通りを南北に行く8036は新塗装となって一層軽快に見える。池袋駅前～数寄屋橋の17系統で、T.K.Kの路線バスはボンネットではなくリアエンジンリアドライブの箱型車体。晴海通りを信号待ち中の9系統？6000形渋谷駅前行きは緑色濃淡の旧塗装。クロッシングを通過する重い6000形と軽い8000形の音の違い、変わりゆく昭和30年代中頃の東京を象徴する風景である。◎1960（昭和35）年　撮影：小川峯生

中央通銀座二丁目停留場付近を行き交う1系統7074上野駅行きと5503品川駅行き。通り中央の停留場安全地帯の左側に銀盛カバン店、富士銀行、その奥に三菱銀行が見える。春の柔らかい日差しを浴びた街並みと柳の木の青葉が春の訪れを感じさせる。7074は前面窓下段が開閉可能になった1955(昭和30)年製の3次車。当初は緑色の濃淡の車体色であったが、5500形に合わせてキャピタル・クリーム色にえんじ色帯の新塗装に塗り替えられている。東京都交通局は1959(昭和34)年4月3日に都電都バスの車体カラーを同色に塗り替える事を決定している。ビルはほとんどが建て替えられて高層化し、富士銀行はみずほ銀行、三菱銀行は三菱東京UFJ銀行として営業中である。◎1959(昭和34)年3月　撮影:小川峯生

晴海通り数寄屋橋交差点を西に行く11系統5019新宿駅行きと行き交う系統1252。5019は中乗降口撤去改造直後で、1252とともに旧塗装。交差点角にある不二家の隣は高層ビルの鉄骨が組まれて進行中。その下層階には富士銀行の文字が読める。街行く自動車はテールフィンの付いたアメ車風のトヨペットクラウンや丸い形の多い自動車、ボンネットバスが昭和30年代前半を思わせる風景。
◎1959 (昭和34) 年3月　撮影：小川峯生

中央通りを行く1系統6237と柳の木。都電は5500形以降のクリーム色にえんじ色帯の新塗装である。右手後方にはヤマハホール、松坂屋が見える。その手前の三菱銀行は現在では三菱UFJ銀行となっている。中低層のビルが混在していたが、今は全て高層ビル化して空が狭くなってしまった。目の前の国際興業の路線バスはボンネットタイプで車掌の姿も見える。銀座八丁目から四丁目方向を見たアングル。バスや電車に冷房などない時代、銀座通りの風にそよぐ柳の木が涼しげな風情を誘う。
◎1960（昭和35）年7月　撮影：荻原二郎

11系統5021月島行き。銀座四丁目の停留場は交差点の手前。晴海通りで信号待ち中5021は中央扉を撤去して客席が延長され、新塗装化された姿。屋根が深く重厚な5000形の車体にクリーム色は似合わない。後ろの6000形の背後には明治時代創業の貴金属店で、銀座6丁目から昭和21年にこの地に移動した「天賞堂」の低層時代のビルが見える。同ビルは昭和48年10月に現在のオメガビルに建て替えられた。その隣のモトキは健在。後ろの富士銀行は、外資系衣料品店に代わっている。◎1967（昭和42）年11月12日　撮影：小川峯生

日本橋

中央通りを北上し、日本橋に差し掛かる22系統123南千住方面行き。橋の南岸、右側には「RIVER SIDE HO‥」の文字が見える。リバーサイドホテルであろう。123は王子電気軌道引継車で、1924（大正13）年に製造された高床式ボギー車。王子50形51～60、100形101～110と、三ノ輪線、大塚線の路線別に形式が分かれていたが、両線の直通後に300形301～320に統一。1942（昭和17）年の交通調整法施行による東京市に買収後、120形121～140に改番された。戦災による焼失はない。その後、3000形、4000形鋼体化のタネ車となったが、抜け殻となった木造車体はメーカーから新造車扱いで鹿児島市電に譲渡。301～310となった。日本橋の上には1963（昭和38）年12月に京橋～呉服橋開通で首都高速都心環状線がかかり、空の大きな風景は失われた。◎1948（昭和23）年9月30日　撮影：中村夙雄

中央通りを新橋方向から日本橋方向を見る。白木屋百貨店の前には22系統3041駒込駅行き他5両の都電が縦列に並んでいる。昭和3、6年に竣工の白木屋百貨店以外に高いビルは数少ない。右手には山本山海苔店が見える。冬の弱い日差しの下、人々のファッションは黒が主体。ビルの影がなく、数台の自動車と隅々まで届く太陽の光と広い空。のんびりした空気が漂う。◎1953（昭和28）年1月17日　撮影：丸森茂男

中央通り日本橋を行く22系統8101銀座行き。通りの中央にあるセンターポール式の架線柱を兼ねた街路灯が美しい。「東京市道路元標」の文字が示すように、日本橋は日本の道路の起点である。後ろにある日本橋の欄干の向こう側に元文2（1737）年創業の八木長の文字の商店が見えるが、現在は鰹節や乾物を扱う八木長本店のビルとなっている。左側には三越があるが画面の右側外にあり見えない。首都高速道路が覆いかぶさる前の空の広い日本橋の風景である。◎1961（昭和36）年10月19日　撮影：小川峯生

中央通り日本橋交差点から東京方向を見る。須田町から20系統6290神明町車庫前行きがやって来る。左側には高島屋日本橋店があり、「70ファミリースキー用品大会」「新年初売出し」が見える。1970年1月の初売り直後であろうか？20系統は須田町〜江川橋で、路線上で日本橋は通らない。日本橋から須田町へ行くには1・19・40系統で5停留所である。回送中のものか、あるいは車庫入換の際の表示換え忘れか。©1970（昭和45）年　撮影：山田虎雄

神田、秋葉原

外堀通りに繋がる国鉄秋葉原駅のガードをバックに西からの強い日差しを受ける4116新宿駅前行き。ホーム上屋は京浜東北線北行きと思われる。通りの脇には商店らしき建物ではないが、現在は駅南側に広がる電気街の一等地で、秋葉原ラジオ会館ビルが建つあたりであろう。4000形は昭和24〜25年に4001〜4117の117両が製造された。木造車体の旧4000・4100・4200形を中心に旧王子電気軌道120形等をタネ車として改造、更新車である。車体は当時最新鋭の新車6000形に準じたスタイルで、一部にウインド・シルが広幅のものがある。台車はタネ車のD-11で、一部はD-10を履いている。120形からの改造車はホイッスルを流用したため、他車と違う音色を出していた。4116は昭和25年改造の最後のグループである。
13系統は新宿駅前〜万世橋であったが、昭和33年に万世橋〜秋葉原駅東口414mが開通して新宿駅前〜水天宮前9986mとなった。両端の新宿駅前〜四谷三光町は13系統と、秋葉原駅東口〜水天宮は21系統との重複路線である。
◎1950 (昭和25) 年5月14日
撮影：中村夙雄

夏の西日を浴びて中央通りの万世橋交差点を北に行く4024の行先は「向島寺島二」と表示されている。同車は日本車輌東京支店製である。後ろの大きなビルは万世橋会館。その他ラジオやテレビなどの文字が並ぶ電器街の一角が見える。30系統の終点である「向島寺島二丁目」は1965 (昭和40) 年の住所表示変更後に「東向島三丁目」に改称された。この写真は撮影日から、その変更直前のもの。30系統は須田町〜東向島三丁目で1969 (昭和44) 年10月25日に廃止された。◎1965 (昭和40) 年8月1日　撮影：中村夙雄

中央通りの秋葉原停留場に停車中の1系統6501上野駅行き。秋葉原駅西口の電気街に西日が差す。前方にある国鉄総武線のガード上をクハ79他72系が行く。6501はs6000形ラストNo6290として製造されていたが、和製P.C.Cカー5500形の開発・製造が遅れたため、急遽、カルダン駆動の新技術を採り入れた試作車6500形を名乗り、1953 (昭和28) 年末に5501より先に完成。6000形として製作していたため、箱型スタイルであるが、前頭部は後ろに傾斜した形状になり、前面窓は大型2枚窓で5500形との折衷型スタイル。1系統は1両のみの異端車6501とともに5500形も活躍していた。◎1959 (昭和34) 年3月　撮影：小川峯生

靖国通りの小川町の交差点から本郷通りに入って日比谷公園方面を目指して左折中の1027。靖国通りには洋風の看板建築の商店が並ぶ。交差点角には「り川」の文字の入った店のマークのカバン店とその隣は「木村屋本店」と見えるが、一部の文字は脱落したまま。広い道路には外国製らしき車が1台のみ。9月の終わりの強い日差しの下、白い帽子と開襟シャツを着た紳士が行く都心の昼下がり。1000形は1933（昭和8）〜1935年に1001〜1085が老朽化した旧1000形の台車・電装品を流用して車体を新造して生まれた車で、85両を製造したが戦災で21両を焼失、5両が復旧した。その他、戦時中に中国の新京市電に7両を譲渡している。1001〜1040（戦後の欠番整理で1001〜1032）は高床式台車を流用した乗降口2段式であったが、1041〜1085（欠番整理で1041〜1062）では3段式に改良された。交差点の右側には都電の軌道のポイントを切り替えるため、操作員が見下ろす信号塔が見える。◎1948（昭和23）年9月30日　撮影：中村夙雄

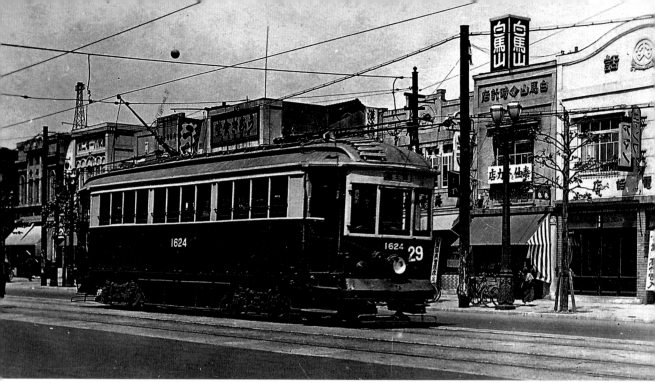

洋風看板建築の商店が並ぶ靖国通りを行く29系統1624錦糸堀行き。都電時代、29系統は葛西橋〜須田町であったが、写真は小川町撮影とある。僅かな距離ではあるが、路線内には入らない区間である。靖国通りある商店街の各店は、右から左に書かれえた「天野電話店」「白馬山時計店」「‥漢方?薬局」「うなぎ食堂　川新家本店」「‥ハーモニカ」と読める。その建物の多くは前面に洋風の装飾が施された建築物で、長屋ではなく戸建である。いずれも現在ではその屋号を連想させるようなお店を見つけることは出来ないが、2017年に創業100年を迎えた宮地楽器店神田店が靖国通り沿いのこの地に近くにあって盛業中である。1624はホヘサ1471形1471〜1652、1854形1854〜1953、1954形1954〜2103の181両が大正3〜8年にかけて製造された。木造2扉ボギー車で、1526以降で初の国産台車D-1またはD-2を履き、1471〜1481の11両には初めてエアーブレーキを搭載したが、故障多発のため撤去。ハンドブレーキに戻された。
◎1935 (昭和10) 年頃　所蔵：高木恭輔

テーラーの看板が目立つ靖国通りの駿河台下を行く803深川不動行き。日章ノート学用品株式会社の社屋、その右側に見える火の見やぐらのある建物は駿河台下交差点の北東にあった消防署で昭和3年竣工のRC2階建て。東京消防庁神田消防署駿河台出張所であったが、平成25年に耐震性と老朽化のため解体され、その機能は三崎町の新庁舎に移された。周辺に大学や学校が多い場所柄、学生帽制服姿の学生が街中、電車の中にも目立つ。800形は昭和22年、戦後初の新造小型ボギー車で801〜840が製造された。当初は700形の増備車として最初の3両は713〜715で登場。車体の形態も台車がD-13と異なることから4両目から800形として登場。張り上げ屋根の流線型であるが、車端部の絞りがなく、窓上辺にウインド・シルが付いた車体が特徴。◎1953 (昭和28) 年3月21日　撮影：丸森茂男

25系統706西荒川行きが中央通りの須田町を行く。西荒川行きは須田町の交差点を右折し、靖国通りに入って岩本町へ向かう。車体は塗装が色褪せ、白い粉が吹いている。扉や窓がガラスでなく木の板が代わりに入れられ、終戦後3年が経過した時期の荒廃した姿。それでも昭和17年生まれの流線型・張り上げ屋根の車体は新しく見える。屋根にはポールが2本付き。
◎1948（昭和23）年10月22日　撮影：中村夙雄

須田町のビルの中、中央通りを行く5013。中央出入口撤去・客席延長後の姿である。並ぶ車のタイヤは側面に白い帯が入ったホワイトリボンと呼ばれるタイプ。5000形は昭和15・19年に5001～5024が製造された都電初の半鋼製大型3扉車。1次車5001～5012は張り上げ屋根、台車はD-12、昭和19年製の2次車5013～5024は張り上げ屋根から幕板上部に雨樋が付き、台車はD-14に変更された。3両を戦災で焼失し、5022・5023を改番して欠番を埋めた。その後2両が復旧したが残る1両は廃車となり、23両になった。昭和33～34年に昭和19年製の5013～5023は中間扉を撤去して2扉客席化改造が行われた。改造所は局工場、大榮車輛で両社は細かな相違点がある。
◎1963（昭和38）年7月16日　撮影：中村夙雄

13系統6053新宿駅行き靖国通りと昭和通りが交わる岩本町交差点から秋葉原方向を望む。首都高速道路の向こうに国鉄総武線秋葉原駅のガードとその奥に電気街の一角のビルが見える。高層化した建物が増えたが交差点一帯の雰囲気は今もあまり変わらない。
都電6000形は1947 (昭和22) 〜1950・1952年に290両が製造され、戦後の都電を代表する車両であったが、都電以外の各市で6000形と共通設計とした同型車が登場した。秋田市電60形 (2両)、200形 (2両)、川崎市電500形 (2両)、名古屋鉄道モ570形 (5両)、岡山電軌1000形 (2両。秋田市電200形を譲受)、土佐電気鉄道200形 (21両)、500形 (1両) である。これらは前照灯がオデコにあったり、側窓の個数等、細かい部分に違いはあったものの、都電6000形の兄弟車が各地で活躍していた。
◎1968 (昭和43) 年3月
撮影：山田虎雄

丸の内、八重洲、日比谷

東京駅丸の内北口を行く28系統3142錦糸町駅行き？後ろに見える大きなビルは昭和27年11月に竣工した8階建ての新丸の内ビルヂングで、通称「新丸ビル」と呼ばれた。平成19（2007）年4月に38階に高層化した新丸の内ビルディングに建て替えられた。脇を走るトヨタパブリカは1961年発売で1966年のマイナーチェンジで排気量800ccに拡大したタイプ。◎1967（昭和42）年　撮影：山田虎雄

外堀通りを行く17系統8105が西に傾いた日を浴びて数寄屋橋を目指す。前面右角に日章旗がはためく穏やかな祝日。東京駅八重洲口の広場でタクシーを待つ人々はコートを着ている。東京オリンピックが終わった直後であろうか？人々の表情に落ち着きが見られる。広場脇の飲食店の上には映画のロードショウ「ハムレット」、その隣には「インスブルック冬季オリンピック1964」の看板が見える。
◎1964（昭和39）年　撮影：山田虎雄

鍛冶橋交差点過ぎて東京駅南側の国鉄のガードをくぐる5系統1103目黒駅前?行き。天皇誕生日のこの日は屋根の四隅に日の丸国旗がはためく。線路すぐ西側のこの交差点は現在、国際フォーラム東交差点と呼ばれる。皇居を見ながら西に向かい、馬場先門で左折。日比谷通りを南下して目黒駅前方面へ向かう。◎1956(昭和31)年4月29日　撮影：小川峯生

永代通り大手町から右折して日比谷通りに入って神田橋を目指す15系統829高田馬場行き。路面がわずかに上がった先が神田橋である。東京駅西側に位置するこの地域は付近に新聞社や金融機関等の本社が並ぶ都内有数の官庁街であるが、高層化したビルはほとんどない。右側の高層ビルは読売新聞東京本社である。神田橋の上には首都高都心環状線が被さり、周辺は高層ビルの森となって昼でもなお暗いビルの谷間となってしまった。829は昭和22年に戦後初の小型ボギー車として800形801〜840が製造された。当初は700形の増備車として最初の3両は713〜715として登場。車体は絞り込みのない形状で台車はD-15と異なることから、4両目から800形に変更され、3両も改番された。◎1956(昭和31)年4月29日　撮影：小川峯生

日比谷通りから馬場先門を行く5系統3001永代橋行きが三菱グループの赤煉瓦のビル群が並ぶ「一丁ロンドン」と呼ばれる都庁前〜馬場先門を行く。1894（明治27）年に三菱第一号館の竣工を皮切りにロンドンをイメージした赤煉瓦造りのビルが並ぶオフィス街が生まれた。老朽化のために1968（昭和43）年に解体されたが、2007（平成19）年に三菱一号館は復元され、美術館となった。その周辺は高層ビルに建て替えられ、都庁も移転し、往時の重厚な面影はない。この日は祝日ではないが、前日に誕生された浩宮殿下（現・皇太子殿下）ご誕生を祝う日の丸であろう。交通渋滞の中、路面電車が窮屈そうに見える。
◎1960（昭和35）年2月24日　撮影：小川峯生

内堀通りを三宅坂寄りの国会前交差点から桜田門停留場を眺める。停車中の11系統5001新宿駅前行きの後ろに6000形、その後方に見えるのは6000形月島方面行き。後ろの厳めしい広い建物は昭和6(1931)年に竣工した警視庁旧庁舎。屋上には数本の無線アンテナが見える。昭和55(1980)年に現庁舎に建て替えられた。緑色濃淡の旧塗装の都電と三輪トラックが昭和30年代前半の象徴的な存在。◎1957(昭和32)年3月12日　撮影：小川峯生

同じく内堀通り国会前交差点から桜田門停留場を発車した11系統5001新宿駅前行きを見る。直後に9系統6197が停留場で乗降中。日野ヒルマン、トヨペットクラウンがその脇を走り抜ける。5001は中央扉が撤去される前の原形を保った姿。◎1957(昭和32)年3月12日　撮影:小川峯生

新橋、赤羽橋、六本木

東京タワーをバックに1035が赤羽橋の交差点を横切る。3系統の赤羽橋停留場の安全地帯から撮ったものと思われる。1958（昭和33）年12月23日に完成した東京電波塔株式会社が運営する東京タワーは高さ333mで当時日本一を誇る電波塔。「東京タワー」の名前は全国に広がり、東京の新名所として修学旅行の立ち寄り先としても人気が高かった。地上150mにある大展望台のみの時代で、1967（昭和42）年に地上250mの特別展望台が完成する前の姿である。地上に目を転じると、低層住宅が広がる中、消防署の火の見やぐらが対照的で面白い。赤羽橋がかかる古川の上には首都高都心環状線が被さり、高層ビル化された交差点右側の角から2軒目は現在、チリ大使館のビルとなっている。◎1961（昭和63）年10月19日　撮影：小川峯生

日比谷通り御成門停留場を行く1032目黒行き。緑色濃淡の金太郎塗り分け、旧塗装時代である。交差点の角にはMATSUSHITA ELECTRICの5階建て鉄筋コンクリートの建物があり、屋上には銀座より小さなナショナルカラーテレビの広告塔がそびえる。左側の御成門停留場には銀座方面行きの都電を待つ人が。陽はやや西に傾いた秋の日の昼下がり。日比谷通りの両側には背の低い広葉樹が並ぶ。空の広かった昭和30年代の東京。現在は高層ビルの谷間となって往時の明るさはない。1032は5系統で多数が活躍していた1000形。昭和8〜10年に1001〜1085の85両が製造されたうちの1両。戦災で21両を失い、5両が復旧。戦時中に中国の新京市電へ7両を譲渡。戦後の欠番整理で1001〜1062となった。◎1958（昭和33年）10月19日　撮影：小川峯生

老舗の佃煮屋をバックに5506品川駅行きが交差点を横切る。「新橋玉木屋本店」として現在も新橋一丁目で盛業中の1782（天明2）年創業の佃煮屋。隣のお茶屋さんと共に看板建築。路線バスはボンネットバス。日野ヒルマン、トヨタクラウンの車体は丸みの強い形状。◎1958（昭和33）年4月22日　撮影：中村夙雄

日比谷通り田村町四丁目停留場に停車中の2系統8108白山曙町行き。その手前に見える1000形？は空気バネ台車を履いている。後ろが丸い東日本観光のバスは「はとバス」の名前で知られる東京バス観光の老舗。「田村町四丁目」は後に「西新橋三丁目」に改称。停留場の後ろに昭栄ビルが見える。現在は周辺のビルが高層化されて空が狭くなってしまった。日比谷通りのこの区間は都電の3系統が重複するゴールデンルートのひとつ。同時に交通の最混雑区間でもある。◎1960（昭和35）年7月4日　撮影：小川峯生

外苑東通り六本木交差点を行く33系統8090四谷三丁目行き。国道246号青山通りの上には既に首都高3号渋谷線が覆いかぶさり、現在に近い風景。交差点を渡った向こう側の左角の誠志堂書店は現在も誠志堂ビルとして現存する。交差点手前左側の喫茶マイアミも健在。◎1968(昭和43)年4月 撮影:山田虎雄

日比谷通りを東京駅方面に見て田村四丁目を行く5系統1123目黒駅行き？田村町は現在の西新橋で、新橋駅西側のこの周辺は商社や建設会社等のビルが立ち並ぶ官庁街である。後方に昭和33年5月に落成した「日本酸素」本社の大きなビルが見える。同社はこれを機に銀座から港区芝田村町に移転した。目黒駅行き1123目黒駅行きと行き交う6000形？の窓は開けられ、道行く学生、乗客も白シャツ姿が目立つ夏の日の朝。日差しを受けて、新しい一日が始まる朝。広葉樹の並木の緑が一服の清涼剤。都電と並ぶトヨペットクラウン。田村町から西新橋と変わり、高層ビルの谷間となった現在では見られない広い空が見られた。
◎1958（昭和33）年6月　撮影：小川峯生

日比谷通り田村町四丁目停留場に停車中の5系統1114永代橋行き。夏の朝の日を受けて白シャツ姿の中学生、自転車に乗って近くの飲食店に出勤する従業員だろうか？1114は昭和10～12年に1000形の増備車として1086～1130として45両を製造。老朽化した旧1000形木造ボギー車の台車・電装品を流用して車体を新造した改造車である。車端部前面が傾斜した流線型となった車体スタイルが1000形との相違点。戦災により21両を焼失。5両が復旧した。戦後の欠番整理の際に、形態的に1000形と異なることから1100形と区分されて1101～1128となった。◎1958（昭和33）年6月　撮影：小川峯生

品川、目黒、恵比寿

お正月二日目の朝の日差しを浴びて上野駅行き5507が停車中。停留場の後ろには1930（昭和5）年に建築の京品ホテル、その右隣りには1925（大正14）年竣工の京浜急行電鉄（現・京浜電鉄）本社の洋風建築が見える。車内にはお客の姿がなく、停留場の安全地帯には乗車を待ちわびる人の列が。お正月から学生帽をかぶった青年や厚い外套を着た紳士、家族連れの姿、昨年末に出来たばかりのピカピカの新車5507が輝く姿に、今年は新年早々良いことがありそうだ。敗戦後11年を迎え、期待と喜びが感じられる初春の風景。
◎1956（昭和31）年1月2日　撮影：中村夙雄

東京市電芝浦工場に入場中の3両は3534と、他2両は番号が見えないが、同型の3000形のようである。3000形は大正11〜13年に3001〜3610の実に610両が大量生産された鉄骨木造ボギー車。低床式の台車D-10を履く。乗降口は前後2か所の2枚引戸になり、東京市電の基本形となった車両である。写真はその3両の全般検査入場中と思われ、車体外側は塗装が終わり、手前にある台車はD-10でオーバーホール中の様子が分かる。芝浦2丁目にあった芝浦工場は現在では芝浦アイランドと呼ばれる超高層マンションとなっている。
◎1936 (昭和11) 年8月4日　所蔵：高木恭輔

1954 (昭和29) 年3月に新造されたばかりの6501上野駅行き。PCCカー第一号車5501の製造が遅れ、用意されていた試作車用電装品を使って、急遽5502と共に6501が造られた。車体は既に6000形のラスト6291として製作されていたものを6500形6501に変更して製作。カルダン駆動車であるが、車体はPCC車スタイル5500形と在来車6000形を足して2で割ったようなスタイル。車体形状は6000形由来の箱型であるが、正面は大きなガラスの2枚窓、側面は前面と共にHゴム支持とした2段窓。6000形に比べて柔らかい雰囲気である。6501は1両のみで、次の7000形に引き継がれた。後ろに見える高架は京浜急行電鉄品川駅。
◎1954 (昭和29) 年3月28日　撮影：中村夙雄

目黒通りの目黒駅前停留場に停車中の5系統3236永代橋行き。目黒駅西側からほぼ直角に交わる目黒通りは目黒川を越えてから緩い上り坂が終わる地点。通りの右側の銀行は会社の合併や店の統廃合が激しく、今はどれも見当たらない。3236は後期車で、窓幅が広がって扉間10枚から9枚となっている他、床下を覆うスカートが取り付けられている。◎1968（昭和43）年　撮影：山田虎雄

駒沢通りの恵比寿駅前停留場に停車中の8系統2022中目黒駅行き。2000形は14系統杉並線専用車両であったが、同線は昭和38年11月に路線廃止。軌間が1067mmであったので、転属の際、軌間を1372mmに広げる台車の改造を行っている。恵比寿駅西口は駅ビルも交番もなく、営団地下鉄日比谷線（現　東京メトロ）恵比寿駅入口の屋根が見えるのみ。山手線を行くウグイス色の103系電車には冷房装置もない初期型である。後ろに見える大きな建物の住宅公団アパートは今はなく、雑居ビルが立ち並ぶ駅前一等地の商業地域となっている。◎1968（昭和43）年　撮影：山田虎雄

明治通りの天現寺橋停留場に停車中の34系統6257金杉橋行き。その脇にある東京都交通局広尾電車営業所の2階から10月26日廃止の挨拶の垂れ幕が下がっている。営業所の建物の後ろには道路とほぼ直角方向に広尾車庫の車庫線が並んでいた。営業所の建物にはほころびが目立ち、営業所前に立つ背広の男性がぼんやり遠くを眺め、都電から降りたお客の姿にも寂寥感が漂う廃止直前の光景。広尾電車営業所と路線は1969（昭和44）年10月25日の運転をもってその歴史を閉じた（路線廃止日は翌26日付け）。車庫のあった場所は現在、広尾五丁目アパートになっている。◎1969（昭和44）年9月　撮影：山田虎雄

終戦直後の銀座中央通り

新橋方面から中央通りの現・銀座4丁目方面を撮影。終戦から1年が経ち、戦災から復興しつつあった。写真右端は天ぷらの「天國」、ビルは中央手前から三菱銀行銀座支店、大日本麦酒本社（現・ライオン銀座7丁目ビル）、銀座松坂屋、銀座三越、銀座松屋、奥は第一生命の第一相互館。4系統（五反田駅前～銀座2丁目）、20系統（江戸川橋～新橋）の1000形は後に1100形に改番された。◎1946（昭和21）年7月　提供：朝日新聞社

Chapter 2

城東

　城東エリアには3か所の電車営業所があった。錦糸堀、柳島、東荒川で、城東電気軌道から引き継いだ路線が主体である。

　錦糸堀電車営業所は25系統（西荒川〜日比谷公園）、28系統（錦糸町駅前〜都庁前）、29系統（葛西橋〜須田町）、36系統（錦糸町駅前〜築地）、38系統（錦糸堀車庫前〜日本橋）の5路線。柳島電車営業所は23系統（福神橋〜月島）、24系統（福神橋〜須田町）、30系統（東向島三丁目〜須田町）の3路線を受けもっていた。東荒川の車庫は26系統（東荒川〜今井橋）の1路線であった。

専用軌道から明治通りに合流する大島一丁目停留場に佇む38系統7046洲崎行きと7007門前仲町行き。電停の背後には廃止反対の横断幕が見え、1972（昭和47）年11月11日に廃止される直前の風景。現在は、電停のある左側にはビッグエーと大島四丁目団地が立ち並び、水神森〜大島一丁目の専用軌道は緑地公園になっている。7040は1955（昭和30）年製の2次車、後ろの7007は1954年製1次車で、直接制御の大きなマスコンのために、狭い運転室は乗務員から不評であった。そのため、7019を除く7001〜7018は1965年に運転に支障となっていた中央の柱を撤去し、中央に1枚の大型ガラスにして柱を両脇に寄せた2000形のような3枚窓に改造されている。◎1972（昭和47）年　撮影：山田虎雄

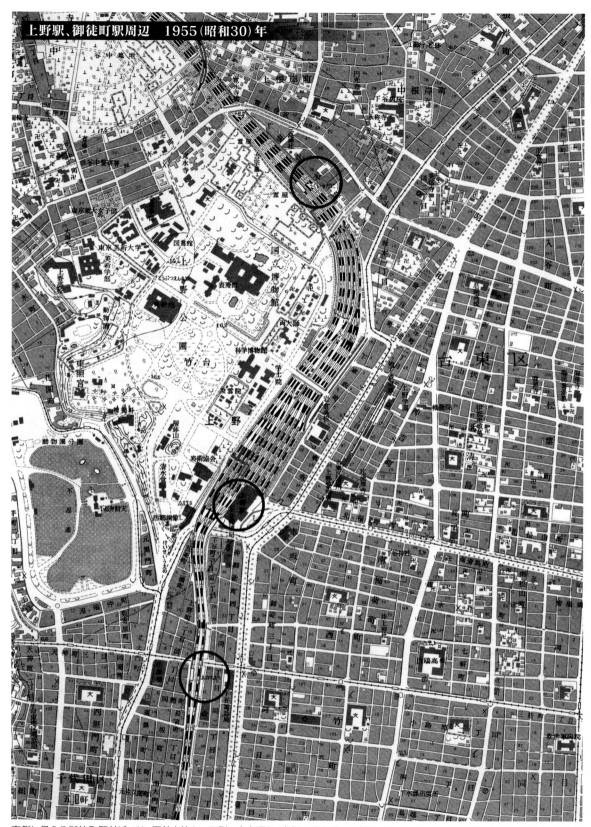

上野駅、御徒町駅周辺　1955（昭和30）年

南側に見える御徒町駅付近では、国鉄を挟んで西側の中央通り、東側の昭和通りに都電が走っている。この2路線は上野駅前で交差する形となり、浅草・北千住方面に向かうことになる。一方、不忍池の南側では、中央通りを左折して根津方面に向かう路線が見える。また、湯島方面から御徒町駅前を経由して本所方面に向かう、春日通りを走る路線も存在していた。上野駅の北側では、昭和通りを走っていた都電は左折して、今度は金杉通りを走ることになる。

錦糸町駅、亀戸駅周辺　1955(昭和30)年

地図の北側には、総武本線が東西に走り、錦糸町、亀戸駅が置かれている。亀戸駅からは、南の小名木川駅方面に向かう総武本線(越中島支線)が存在した。附近の都電は春日通りの厩橋を渡り、蔵前橋通りを走ってきた路線が錦糸町駅前に至っている。また、国鉄線に沿って、南側の千葉街道を走る路線があり、ここからは南側に向かう2本の路線が存在した。錦糸町駅前から四ツ目通りを進む路線は、東陽町方面に向かう。亀戸駅付近から南に向かう路線は、駅付近では城東電軌時代から存在した、東側の専用路線を走っていた。

上野、御徒町、浅草、押上

昭和通りの上野駅前停留場に停車する24系統6124上野広小路行き。上空には首都高速1号上野線の高架が覆いかぶさり、この周辺は日陰になってしまった。24系統は福神橋～須田町で、6124は上野駅前を出ると右に曲がって昭和通りから中央通に入り、国鉄のガードをくぐって西口に出て南下し、須田町を目指す。高速道路の日陰を走る都電はさびしい。◎1970(昭和45)年 撮影:山田虎雄

営業最終日の中央通りの上野駅南口駅前を行く。軌道は鋼板ブロックの上にあり、地下鉄工事中。バックの上野の森の景観は今も高層ビルがなく、それほど変わらない。5500形はこの日をもって全車が廃車。アメリカP.C.Cカーの技術を採り入れた先進的な路面電車として昭和28～30年に5501～5507が造られ、「無音電車」と呼ばれる騒音振動の少ないカルダン駆動を採用した高性能車。1系統で活躍していたが全車が15年足らずの短い生涯を終えた。◎1967（昭和42）年12月9日　撮影：中村夙雄

中央通り上野駅南口停留場に停車中の24系統6114須田町行き。オデコには日章旗が見え、祝日のようである。正面には国鉄山手・京浜東北線のガードが。後ろには上野公園の森が広がり、現在もそれほど変わっていない。ガード手前、御徒町方向の入り口には玩具店ヤマシロヤがビルを高層化して現在も営業中。ガードの向こう側の京成ホテルはビルをそのままに大手カメラ・家電量販店となっている。中央通りの長い横断歩道は安全地帯がなくなった以外、あまり変わっていない。◎1970（昭和45）年　撮影：山田虎雄

中央通りを行く24系統6116須田町行き。上野ABAB店は1970 (昭和45) 年に開店。松坂屋上野店のある交差点に差し掛かろうとするところ。中央通から右手にある国鉄のガードにかけてはガード下のアメヤ横丁や飲食店、衣料、雑貨、食料、貴金属店等が密集し、都内有数の賑わいを見せる。夏の日差しが降り注ぐ中、買い物や上野公園周辺へ行く観光客等で歩道には人があふれている。高速道路がかかって暗くなってしまった東口と比べ、ここは今でも陽射しが降り注ぐ場所である。◎1969 (昭和44) 年　撮影：山田虎雄

「仏壇通り」と呼ばれる浅草通りを上野方向に進む24系統8055須田町行き。背後には「仏壇」の看板があちこちに見えるが、仏壇販売店の大半は通りの南側に面していて、仏壇などが太陽光線で日焼けしないために北に向いているためで、神保町の古本街と同じ考えである。24系統は副腎橋〜須田町で昭和47年11月11日に路線廃止となった。◎1971 (昭和46) 年5月　撮影：荻原二郎

昭和通りの上野駅前停留場に停車中の4017上野広小路行き。後ろには営団地下鉄旧本社の鉄筋コンクリートのビルが見える。外壁には製薬系の広告が掲げられていた。4000形は1949（昭和24）～1950年に4001～4117が木造車4000・4100・4200形を鋼体化改造で生まれた車両。6000形とほぼ同じ車体であるが、一部にウインド・シルが幅広のものがある。台車はD-11で一部にD-11がある。番号と台車を見なければ6000形と見分けるのは困難である。◎1952（昭和27）年7月18日　撮影：丸森茂男

春日通りを行き交う16系統3182錦糸町行きと3101大塚駅行き。松坂屋前の上野広小路停留場の安全地帯は大塚駅行きを待つ人であふれている。松坂屋上野店は1929（昭和4）年4月竣工のルネサンス風の本館を現存して営業中。スバル360や三菱コルト、日産サニー、日産セドリックのタクシーがひしめく夏の昼下がり。奥に見える国鉄御徒町駅に停車中の京浜東北線103系北行きにはまだ冷房装置が付いていない1960年代後半から70年代初めを思わせる風景。御徒町駅周辺の商店街の賑わいは今も変わらない。
◎1969（昭和44）年　撮影：山田虎雄

雷門の前で折返し発車を待つ22系統6064銀座行き。22系統は南千住〜新橋であるが、国道6号江戸通りの駒形二丁目から左に入った雷門までは臨時22系統と言われる枝線があった。浅草は明治時代からの東京を代表する繁華街で、1系統も臨時1系統として日祭日に駒形二丁目〜雷門に頻繁に乗り入れて来ていた。昭和46年3月17日に22系統は廃止となった。
◎1966（昭和41）年　撮影：日暮昭彦

東武浅草駅ホームの急カーブした先端からと思われる国道6号江戸通りを行く22系統6127日本橋行きを俯瞰。都電のオデコに日章旗が見える。通りの隅田川側に見える商店街はケミカルシューズの文字が見える。浅草駅から北側の花川戸にかけては、現在も靴の製造加工業の集積地となっている。通りには提灯の飾り付けがあり、お祭りの準備が進められている頃であろうか。昭和6年竣工の東武浅草駅とその上にある駅ビルと共に佇まいは変わらない。◎1970（昭和45）年　撮影：山田虎雄

浅草通り押上停留場を行き交う23系統6206福神橋行きと7517月島行きを浅草寄りから東の押上方向を俯瞰する。現在では背後に東京スカイツリーが聳え立つ場所である。23系統は福神橋〜月島で、月島から清澄通りを行き、相生橋を渡って門前仲町を経て国鉄総武線を横切って北上。本所一丁目を過ぎて、隅田川にかかる駒形橋を左に見ながら右折して東に進んで間もなく浅草通りに合流。業平一丁目辺りから左手に北十間川が寄り添ってくる。東京スカイツリーの南側と言えば分りやすいであろう。
押上駅南側の交差点を過ぎてさらに東に進むと、左側を流れる北十間川沿いの風景となり、右側に柳島車庫を抱えるかつての終点であった柳島である。1958（昭和33）年4月25日に都電最後の路線延長区間の1つで、新たな終点の福神橋までは598mで、明治通りとの交差点である。浅草通りは押上交差点で右に折れ、右側にある三菱銀行は現在、三菱UFJ銀行となっている。銀行は統廃合されて数を減らしたが周辺は中低層の建物が並び、現在もそれほど変わらない。23系統は1972（昭和47）年11月11日の営業をもって路線廃止となった。
◎1971（昭和46）年　撮影：山田虎雄

浅草橋、両国

国道6号江戸通りの浅草橋駅前停留場に停車して乗降中の22系統6191南千住駅行き。行先表示には「浅草・南千住」と読める。経由地か、主な停留場を表示しているのだろうか？浅草橋駅から浅草方向の蔵前までのこの通り沿いは玩具、人形、花火等の卸問屋、店舗装飾などの店舗用品店などが両側に軒を連ねる。夏のこの時期はビーチ用品などのビニール物が下がっていたり、団扇などが見られるのが通例だが、それほど多くは見当たらない。後ろの国鉄総武線ガードにはカナリヤ色の101系が走っている。◎1969(昭和44)年8月2日　撮影:荻原二郎

12系統6069新宿駅行き。12系統は両国駅前から新宿駅前に至る路線で、両国駅北側にある西口から総武線のガードをくぐって南下してすぐに交差点右折して京葉通りを西進。隅田川を両国橋で渡ると靖国通りと名前を変えて新宿駅を目指すルート。国鉄両国駅ガードを北側から見たアングル。駅周辺には高層ビルがなく、ガードの向こうに見える洋風建築のビルは建て替えられて、現在は両国ビューホテルとなっている。◎1968(昭和43)年　撮影:山田虎雄

鉄道省総武線両国駅西側に停車中の5007？行き。背後に二重屋根のスハ32系らしい客車と駅ホーム上屋が見える5000形は前面左上に系統番号を表示する窓があるが、窓が小さく書体が細いためこの角度からではほとんどわからない。両国駅を通る路線は12系統新宿駅前〜両国駅間の他に25系統西荒川〜日比谷公園、29系統葛西橋〜須田町があるが、5000形は全車新宿車庫配属であったから12系統で、新宿駅前行きであろう。5007は昭和5年製造の一次車で、市電初の大型3扉半鋼製車。屋根も鋼板製で張り上げ屋根となった。二次車5013〜5024の増備は遅れて昭和19年となり、屋根には雨樋が付き、台車がD-12からD-14に変更されて外観上の見分けがついた。戦時中の昭和18年3月に東両国二丁目〜両国駅前は休止されたが、戦後に復活した。◎1935（昭和10）年頃　所蔵：高木恭輔

錦糸町

2扉木造車1601が錦糸堀停留場に停車中。薄い上屋根が載ったような屋根形状と4・4・4の窓配置が特徴。1601の車番文字は良く見ると影が付いたような凝った書体であることが分かる。1601は大正3～8年に東京市街鉄道がホヘサ1471形として1471～1652の181両を製造。「ホ」はボギー車、「ヘ」はベスティビュール付、「サ」は大正3年製造を表す。1526以降の台車に初めて国産のD-1及びD-2を採用。1471～1481の11両では初のエアーブレーキが取り付けられたが、故障多発の為撤去し、手動ブレーキに戻された。大正11～12年に1854形1854～1953、1954形1954～2103が増備された。停留場脇の大きな看板の商店は「白根屋の餅菓子」とその隣にたばこ屋が同居して並んでいる。◎1939（昭和14）年10月25日　撮影：中村夙雄

38系統6069門前仲町行きと7008洲崎行き。錦糸町駅南側を国鉄総武線と平行に東西に走る京葉道路から千葉方向を望む。左側に見える楽天地ボーリングセンターは昭和39年10月開場。その奥に銀行が並ぶ。7008洲崎行きは7000形初期車に見られる脇に幅の小さな窓を設けた3枚窓に改造した車。7000形本来の大きな2枚窓が持つモダンな顔付きから一世代前のような古めかしいスタイルになってしまった。38系統は現在、丸井錦糸町店となっている錦糸堀車庫前から亀戸駅の先、水神森までは京葉道路を千葉方向に進み水神森で右折。大島、砂町方向へ南下し、境川、門前仲町を経て隅田川を永代橋で渡り、日本橋に至る路線である。
◎1970（昭和45）年　撮影：山田虎雄

128は旧王子電気軌道50形51～60、100形101～110として大正13年に製造された木造高床式車体のボギー車である。運転台は客室と仕切りを隔てた全室運転台。2枚一組の窓が6組並び、前面は3枚窓。他の車とは異なる個性的なスタイルであるが、どことなく野暮ったい。形式は三ノ輪線と大塚線の路線別に区分されていたが、両線の直通後に300形301～320に統一改番された。1942（昭和17）年の東京市電に引き継ぎの際、120形121～140に改番された。戦災による被災車はなく、3000・4000形車体鋼体化のタネ車となった。抜け殻となった木造車体10両分が車輌メーカーからの新造車扱いで鹿児島市電に譲渡され、王電時代の301～310で活躍した。停留場近くの建物に「NISHIKANE CO.LTD」の文字が見える。◎1947（昭和22）年8月2日　撮影：中村夙雄

錦糸堀停留場で36系統7050錦糸町駅行きと7000形が縦列に停車中。四ツ目通りを錦糸町駅南側から眺める。目の前に交差する京葉道路は左側が浅草橋方向。歩道橋の奥に総武線錦糸町駅のガードが見える。左側には錦糸町駅ビルが。◎1968（昭和43）年　撮影：山田虎雄

四ツ目通りの錦糸町駅前停留場で並ぶ28系統8081日本橋行きと36系統3235回送？道路には車が溢れ、都電は行き場を失ってきた。じりじりとした日差しが照りつける中、渋滞した道を行くのはクルマでも都電でも辛いのは変わらない。都電は専用軌道を走る姿が一番楽しい。◎1971（昭和46）年　撮影：山田虎雄

国道14号千葉街道の錦糸堀停留場に停車中の25系統1509西荒川行き。後ろには四ツ目通りを南北に行く28、36系統の都電と、1961(昭和36)年11月28日に開店したばかりの錦糸町ステーションビル、手前には信号塔も見える。14系統は日比谷通り沿いの日比谷公園から左手に皇居を見ながら北上、神田橋、美土代町を通って小川町で右折し、靖国通りに入り東進。両国橋を渡って道路は千葉街道と名前を変えて錦糸堀、亀戸駅前を経て、亀戸九丁目から終点の西荒川は専用軌道区間。中川の専用橋を渡って荒川の西岸、堤防を前にして小さな停留所のある西荒川に到着する。1509は1200形の車体を窓2枚分延長改造して生まれた形式。1961(昭和36)～1963年に46両が大榮車輌、東横車輌で改造された。改造に際し、台車は車輪径790mmから660mmの低床式のものに履き替えられた。1509はその直後の姿である。◎1962(昭和37)年3月11日　撮影:中村夙雄

小松川、水神森

東京市電10形13は2扉ダブル・ルーフの木造車体で11〜15の5両があった。経歴は複雑で、大正12年に京王電気軌道で23形木造ボギー車として25〜27その他番号不明を含む計5両を戦時増産体制による沿線工場群の乗客増加の輸送力増強のために城東電気軌道が譲受。80形81〜85となった。昭和17年の交通調整法施行により東京市電が路線と共に買収し、東京市電10形11〜15と三度名前を変えた。写真はその直後の姿で、客室と仕切りを隔てた全室構造の運転室で、前面窓は3枚。車端部を細く絞った車体形状がスマートに見える。側面の小さな一段下降窓の窓枠上辺には緩やかなカーブが優雅なデザイン。前面上部の行先表示窓には右から「錦糸堀」とある。戦災により全車が焼失した。◎1942（昭和17）年5月16日　撮影：中村夙雄

運転台が客室外側のデッキにある4輪木造車。19は城東電気軌道で大正12年に14形として14〜25の12両が製造された。東京市電400形とほぼ同形態だが、側面窓の上辺に緩い曲線が付けられて柔らかい雰囲気となっている。昭和17年の陸上交通事業調整法に基づく統合により、城東電気軌道の路線とこの中の9両が東京市電に引き継がれ、東京市電1形1〜9となったが、戦災により8両が焼失。唯一戦災を逃れたNo.2が代用の電動貨車となって活躍し、昭和23年に廃車となった。デッキ部分は客室よりわずかに絞られ、前面は丸みのある柔らかい雰囲気。◎1939（昭和14）年1月16日　撮影：中村夙雄

城東電気軌道60形61〜64として1927（昭和2）年に製造された。運転台は客室を隔てた全室構造の車体外板を鋼板張りとした半鋼製車体2扉ボギー車。屋根上の集電器は取り外されていて休車中の様子。城東電気軌道は1938（昭和13）年4月25日に東京地下鉄道に継承。しかし、4年後の1942（昭和17）年2月1日には交通調整法の施行により東京市に買収された。城東時代の1929（昭和4）年製70形71〜73と統合して東京市電30形31〜37に改番・形式変更された。戦災で全車焼失。写真は僅かな東京地下鉄道時代のもので、側面中央部には東京地下鉄道を表すT・Cの文字をデザインした社紋が見える。◎1939（昭和14）年1月16日　撮影：中村夙雄

「ゼロメートル地帯」を象徴する専用軌道の竪川の太鼓橋を渡る1241洲崎行き。38系統は錦糸堀車庫前〜日本橋で、錦糸堀車庫前〜水神森までは京葉道路を走り、水神森で右折後、専用軌道区間に入り、専用橋で竪川を渡る。水神森〜大島一丁目、南砂町三丁目〜南砂町四丁目が専用軌道で、周辺は工場が多く、川より地面が低い「ゼロメートル地帯」を走る。国鉄小名木川貨物駅、老舗の鉄道車両メーカー汽車製造東京支店、国鉄越中島貨物線をアンダーパスでくぐり、他にはない見どころがあった。竪川の太鼓橋の上には都電と直角方向に首都高7号小松川線がかかり、昭和47年11月の都電廃止後の現在は人道橋となっている。水神森〜大島一丁目の専用軌道は両側に工場があったが、現在は周辺にマンションが立ち並ぶ住宅地の中にある「大島緑道公園」に変わっている。
◎1958（昭和33）年3月30日　撮影：中村夙雄

須田町から岩本町を経て京葉道路を東に進み、亀戸駅前を過ぎて右折してすぐの水神森停留場に停車中の29系統6107葛西橋行き。昭和47年11月の廃線後、その跡地は現在、亀戸緑道公園の出発点となっている。背後に見えるのは京葉通り沿いにある銀行である。緑道は南に進んで竪川の人道橋を渡ると大島緑道公園にそのままつながり、両側にはマンションが立ち並ぶ住宅地である。6107は車体更新修繕されて正面の行先表示幕が電動式の羽深式に取り替えられている。
◎1970 (昭和45) 年
撮影:山田虎雄

葛西橋、門前仲町

永代通りを千葉方向に見て、門前仲町を行く38系統1511錦糸堀行き。通り沿いには金融機関と商店が混在するアーケードの商店街。軌道内走行の車も見られ、都電の衰退を物語る光景。38系統は錦糸堀車庫前〜日本橋で、現在の丸井錦糸町店の位置にあった錦糸堀車庫を出ると右折して千葉街道に入って東進後すぐに右折。水神森から専用軌道に入って南下。大島一丁目から明治通りに入り、南砂町三丁目で右折後再び専用軌道に入って南下。南砂四丁目から永代通りに入って西へ進み、隅田川を永代橋で越えて茅場町を経て日本橋までの路線である。1927（昭和2）年に開業した城東電気軌道砂町・洲崎線がそのルーツである。東京地下鉄道を経て1942（昭和17）年に東京市に買収された経緯を持つ。専用軌道ではゼロメートル地帯ならではの竪川の太鼓橋を渡り、周辺には車両メーカー汽車会社東京支店の工場や、国鉄小名木川線のガード下をくぐるという、他の路線にはない見どころの多い路線。1511は1200形の車体延長改造車で、城東地区で活躍していた。◎1970（昭和45）年11月　撮影：山田虎雄

数百メートル後ろにある荒川放水路西岸の堤防を背中に、清洲橋通りを都心方向に見て、葛西橋停留場で折り返す29系統6197錦糸堀車庫行きと1516須田町行き。その後ろには後続車のビューゲルがいくつか重なって見える。29系統は荒川放水路すぐ西側の葛西橋から清洲橋通りを西へ進み、錦糸堀車庫の境川派出所があった境川で右折後、明治通りを北上。大島一丁目から専用軌道に入って水神森で左折後、千葉街道を西進。隅田川を江東橋で越えて靖国通りと名を変え、須田町に至る路線。途中の境川〜錦糸堀は城東電気軌道を引き継いでいる。6197は、290両が製造された6000形のうちの1両で、車体を載せ替えた3000、4000形ともに戦後の都電を代表する顔。都電と言えば多くの人がこの電車を思い浮かべるであろう。1511は戦前生まれの流線型の傾斜した前頭部を持つ小型車で、1200形の車体延長改造車。正面から見ると6000形より車体が広く屋根高さが低いのが分かる。堤防が近い割には商店街の賑わいがあり、右側に見える薬局は現在も同所にある。◎1970（昭和45）年11月　撮影：山田虎雄

東荒川

長閑な郊外を行く都電26系統今井線401。26系統東荒川〜今井橋は、他の都電路線とはどこにも接続しない単独路線。1925（大正14）年に開通した城東電気軌道江戸川線である。1942（昭和17）年の交通調整法施行により東京市電に買収され、都電となってから40系統、戦後になって26系統に変わった。荒川を隔てて都心側にある西荒川とは鉄橋をかけて結ぶ計画があったが実現せず、1952（昭和27）年5月の荒川を小松川橋で渡って今井橋-上野公園のトロリーバス開業に肩代わりする形で路線廃止となった。前面左側にある系統表示はなく縦書きの行先表示がこの路線の特徴。401は4輪木造車400形で、関東大震災後の1924（大正13）年、震災による消失車両の補充のために401〜600の150両が製造された鉄骨木造車。両側にオープンデッキの運転台が付き、側窓が8枚の二重屋根。大正生まれの4輪木造車はトロリーバス開業の1952（昭和27）年4月30日で路線とともに消滅した。
◎1950（昭和25）年12月16日　撮影：江本廣一

旧城東電気軌道の4輪木造車403が小松川の橋を渡る。1950年代のこの地は東京都下とはいえ、田圃と工場と住宅が点在する長閑な風景が広がっていた。◎1950年7月9日　撮影：中村夙雄

4輪木造車404は旧城東電軌で1924(大正13)年生まれの小型車。1942(昭和17)年の「交通調整法」の施行により、東京市に買収された。車庫の後ろには大きな堤防が見える。城東電軌時代からの悲願であった東荒川車庫西側の都心側を流れる、越えられることのできなかった荒川である。
◎1950(昭和25)年7月9日
撮影：中村夙雄

Chapter 3

城西・城北

　城西、城北エリアには12か所の電車営業所があり、青山、広尾、大久保、杉並、早稲田、大塚、巣鴨、駒込、神明町、三ノ輪、南千住、荒川であった。

　青山電車営業所は6系統(渋谷駅前〜新橋)、9系統(渋谷駅前〜浜町中ノ橋)、10系統(渋谷駅前〜須田町)の3路線。広尾電車営業所は7系統(四谷三丁目〜品川駅前)、8系統(中目黒〜築地)、33系統(四谷三丁目〜浜松町一丁目)、34系統(渋谷駅前〜金杉橋)の4路線で、8系統と34系統は東京横浜電鉄からの引き継ぎである。

　大久保電車営業所は11系統(新宿駅前〜月島)、12系統(新宿駅前〜両国駅前)、13系統(新宿駅前〜水天宮前)の3路線。杉並電車営業所は西武鉄道新宿軌道線からの引き継ぎ路線で、他の路線とは異なる軌間1067mmである。14系統(新宿駅前〜荻窪駅前)の1路線であった。早稲田電車営業所は15系統(高田馬場駅前〜茅場町)、39系統(早稲田〜厩橋)の2路線。

　大塚電車営業所は16系統(大塚駅前〜錦糸町駅前)、17系統(池袋駅前〜数寄屋橋)の2路線。巣鴨電車営業所は18系統(志村坂上〜神田橋)、35系統(巣鴨車庫前〜西新橋一丁目)、41系統(志村橋〜巣鴨車庫前)の3路線。駒込電車営業所は19系統(王子駅前〜通二丁目)の1路線。神明町電車営業所は20系統(江戸川橋〜須田町)、40系統(神明町車庫前〜銀座七丁目)の2路線。

　三ノ輪電車営業所は21系統(千住四丁目〜水天宮前)、31系統(三ノ輪橋〜都庁前)の2路線。南千住電車営業所は22系統(南千住〜新橋)の1路線。荒川電車営業所は王子電気軌道からの引き継ぎで、27系統(三ノ輪橋〜赤羽)、32系統(荒川車庫〜早稲田)の2路線である。

東京都交通局大久保車庫と電車営業所の鉄筋コンクリート3階建ての事務所を横目に行く13系統7080牛込北町行き。事務所の3階窓には「都電13番線撤去反対!!」と横断幕が掲げられ、1970(昭和45)年3月26日直前と思われる風景。13系統は新宿駅前〜水天宮前で、角筈から四谷三光町で左折して大久保車庫への回送線を行き、大久保車庫を過ぎて次の東大久保までが専用軌道である。現在、車庫と営業所の跡地は都営東大久保一丁目アパートと新宿文化センターになっている。若松町から大久保通りに入り、神楽坂を経て築土八幡町から下り坂を下りて飯田橋で外堀通りに入り、秋葉原駅南側を通過後昭和通りに入って南下。岩本町手前で左斜めに折れて人形町、水天宮前に至る路線である。◎1969(昭和44)年　撮影:山田虎雄

渋谷駅、恵比寿駅周辺　1955（昭和30）年

山手線が走る渋谷駅、恵比寿駅周辺の地図である。北側の青山通り（国道246号）を走ってきた都電は、国鉄のガード下を抜けて、渋谷駅西口に至っていた。青山通りの北側、現在の国連大学本部付近には青山車庫が置かれていた。一方、明治通りを北側に向かう都電路線はなく、渋谷駅東口から南側の恵比寿方面に向かう路線があった。この路線は渋谷橋で2本に分かれ、1本は再び国鉄線のガードをくぐり、恵比寿駅前から中目黒方面に向かうことになる。もう1本（本線）は明治通りをさらに進み、天現寺橋方面に向かっていた。

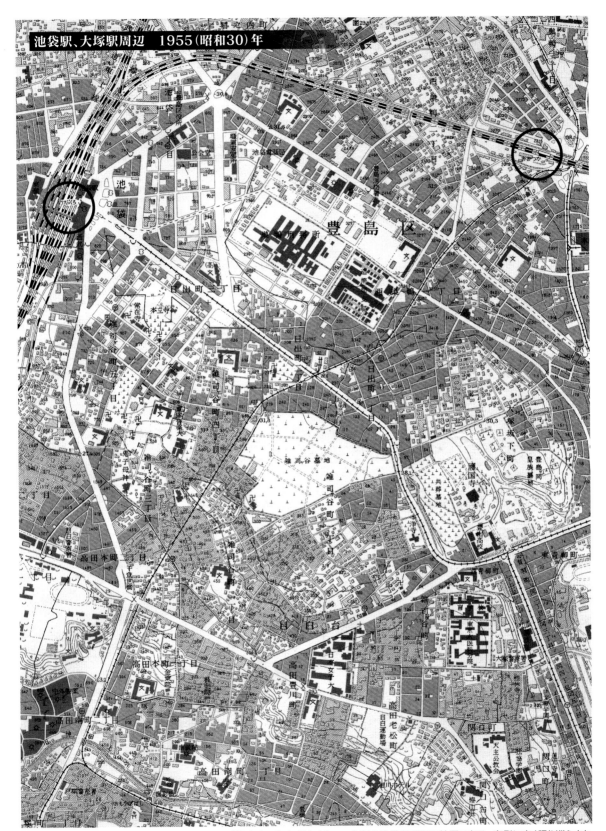

池袋駅、大塚駅周辺　1955（昭和30）年

現在、サンシャイン60のある場所に、巣鴨刑務所（巣鴨プリズン）が存在していた頃の池袋駅周辺の地図である。東側に広く張り巡らされた都電路線のうち、大塚駅前から千登世橋方面に進む、王子電気軌道に起源をもつ路線は、現在も荒川線として残されている。池袋駅前（東口）に至る路線もあったが、他の路線に比べると後発であり、この頃はすでに代替となる営団地下鉄丸ノ内線が開通していた。この路線は南東の護国寺付近で2本の路線に分岐することとなる。池袋駅前の西口側の百貨店は東武でなく、東横百貨店であった。

渋谷、中目黒、霞町

1952（昭和27）年当時の渋谷駅前の賑わい。1957（昭和32）年までは都電の渋谷駅前停留場は渋谷駅西口（現・ハチ公前広場）に置かれていた。後方に忠犬ハチ公の銅像が見え（後に移動している）、停留場に6系統（渋谷駅前〜新橋）の6000形が停まっている。右中央の交差点を左に行くと道玄坂、右に曲がると宮益坂。当時まだ高層の建物はなく、現在のスクランブル交差点付近を行き交う人の数も多くはなかった。
◎1952（昭和27）年6月　提供：朝日新聞社

渋谷駅東口の渋谷駅前停留場に佇む8075金杉橋行き。デビュー間もない8075は昭和31〜33年に8000形8001〜8131の131両が製造された。都電が存続する余年数を12〜13年と考えた低コスト軽量設計車。工作を簡略化した車体は車端部を直線的にカットした三つ折り平面形状。窓ガラスは天地が大きく採光性が改善。台車は台車枠を内側に配置して車輪が外側に露出させたD-21を履いた。簡易とはいえ、スマートなデザインは洗練されて安っぽさを感じさせない。8000形は14系統を除く全車庫に配置され、どこの線区でも見られた。8075は新造直後の緑色濃淡・金太郎塗装の姿。34系統は渋谷駅東口から渋谷川に沿った明治通りを南方向に進み、古川橋から麻布通りに入って北上。一ノ橋で右折後は東京湾方向に進んで第一京浜の金杉橋に至る路線である。◎1958（昭和33）年11月16日　撮影：中村夙雄

渋谷駅東口にある渋谷駅前停留場に到着した34系統8004渋谷駅行き。8004は1956（昭和31）〜1958年に8000形8001〜8131として製造された最初のグループで、窓枠がユニットサッシの8001〜8012の中の1両。都電の先行きを見越して耐用年数10〜12年程度に短縮して工作を簡略化した軽量車体と低コストを図った車両。車両重量は7000形の15.5、16.5tから12.0tと大幅に軽量化された。車体は直線基調で天地の大きな窓が特徴である。登場直後の緑色濃淡、金太郎塗わけの旧塗装。背後に渋谷駅と東急百貨店東横店が見える。渋谷駅前は都電34系統を除く6、9、10系統が国鉄山手線のガードをくぐって西口の忠犬ハチ公前に発着していたが、1957（昭和32）年に渋谷駅東口にループ線が完成し、34系統のある東口に移転してきた。しかし、山手線に沿って古川沿いを往復する34系統は従来通りの往復運転である。◎1958（昭和33）年3月9日　撮影：小川峯生

当時も賑わう渋谷駅東口に置かれた都電の渋谷駅前停留場。左は9系統(渋谷駅前〜浜町中ノ橋)の7000形、右は34系統(渋谷駅前〜金杉橋)の1200形。奥は8000形。渋谷駅をターミナルとする都電は、1969(昭和44)年の34系統廃止が最後となった。以降、東口は都バスのターミナルとして発展した。◎1960年6月15日　提供:朝日新聞社

山手通りにある終端の中目黒停留場で折返し発車を待つ8系統1255築地行き。背景の高台には緑が見える郊外電車の雰囲気。現在の中央に首都高速中央環状線中目黒トンネル出口を挟む6車線に拡幅された山手通りと駒沢通りの中目黒立体交差からは全く想像できない。8系統は中目黒〜築地で、駒沢通りに左折後、恵比寿駅前を経て澁谷橋で明治通りに入って東進。古川橋で左折して、麻布通りを北上。一ノ橋で右折して赤羽橋で左折して桜田通りを北上。桜田門で右折して内堀通りに入って東進。晴海通り数寄屋橋から銀座を東西に横断して築地に至る路線。1200形は昭和38年11月の14系統杉並線廃止で2000形が転入するまでは独壇場であった。昭和36年から1200形は窓2枚分の車体延長改造を行って1500形に形式を変えた。◎1966(昭和41)年8月　撮影:日暮昭彦

夏の終わりの強い日差しを浴び、乾いた白い砂煙が上がる交差点に差し掛かる霞町を7系統と思われる4輪木造車459四谷三丁目方面行きが行く。霞町〜北青山一丁目は専用軌道区間で、郊外電車のような雰囲気があったが、昭和39年の東京オリンピックに向けて道路の拡幅工事が始まり、その長閑な風景は見られなくなった。7系統は四谷三丁目〜品川駅前で、同交差点は渋谷駅前〜新橋の6系統との交差点でもあった。背景に青山墓地の森を望む荒涼とした風景の中にささやかな商店街。英文字の果物屋か？その隣には「牛」の見路が見える。長閑な割には人が多く、付近には米軍の施設があった場所。外国人の姿は見られない。霞町停留場はその後西麻布停留場に名前を変えた。現在、ここが首都高速道路に空をおおわれた西麻布交差点であることは想像する事すらできないであろう。
◎1948（昭和23）年9月30日　撮影：中村夙雄

6系統は渋谷駅前〜新橋を結ぶ。渋谷方向からカーブを描く霞坂を下りて3070新橋方面行きが霞町停留場に停車中。「長野屋」は2017年現在、西麻布で106年続く明治創業の酒屋として営業中。この当時は霞町にあった。霞町停留場は交差点に面し、都電7系統との平面交差であった。「RAILROAD CROSING」の標識は、近くに米軍の施設があった証し。石ころが無数に転がる路面と人家もまばらな荒涼とした風景。戦後間もないとはいえ、東京都心近くにある麻布の風景とは到底思えない。
3070は、3000形として大正11〜13年までの間に3001〜3610の実に610両が製造された鉄骨木造車体の2扉ボギー車。東京市電の基幹形式となった車両で、台車は低床式のD-10を採用。第二次世界大戦の戦災により373両が焼失したが、戦火を逃れた車は昭和24年より車体鋼体化改造が始まり、新3000形に生まれ変わった。
霞町のこの交差点は霞坂と呼ばれていたが、昭和42年の首都高速道路の開通で空には高架が覆いかぶさり、現在では西麻布交差点と呼ばれ、往時の面影は微塵も感じられない。◎1948（昭和23）年9月30日　撮影：中村夙雄

高田馬場、信濃町、市ヶ谷

高田馬場停留場に停車中の15系統2507茅場町駅行き。2507は14系統杉並線から転じた車。昭和38年11月の路線廃止により軌間1067mm→1372mmに改軌の上他線に転用。2500形は木造車体の旧2000形をタネ車に2501・2502が昭和33年に交通局芝浦工場、2503～2508が34年に富士自動車で全金属製の車体に載せ替えた改造車。車体はバスボディの工法を採り入れたため、側面にバスの面影があるスタイル。後ろには西武新宿線、その奥には国鉄山手線のガードが見える。都電15系統2507茅場町行き◎1968(昭和43)年8月2日　撮影：荻原二郎

高田馬場停留場に停車中の15系統3082茅場町駅行き。車体オデコから国旗が掲げられているのが分かる。旗日であろう。3000形は木造車の台枠を流用して半鋼製車体に鋼体化改造で生まれた形式で、昭和24～28年に213両が製造された。当時最新鋭の新車6000形と同じスタイルであるが、タネ車の台枠寸法の関係で車体はやや小さい。その後、新造と残存木造車、150形等をタネ車として3214～3242が増備され、都合242両が製造された。3238・3239は全鋼製で側面窓8枚、スカート付の異端車であった。奥に見えるガードは西武新宿線で、501系が見える。その後ろは国鉄山手線。割烹着の伯母さんが停留場に立つ。◎1968(昭和43)年　撮影：山田虎雄

面影橋の住宅地の中の専用軌道を行く15系統2505茅場町行きと3084高田馬場駅前行き。2505は14系統杉並線からの転属車で、木造車の鋼体化改造車。車体は中央のみに出入口のある1扉車で、他の車に比べて車体幅は狭く車体全長も短い。側窓は上部がHゴム支持のバス窓で、車体形状は側面の前頭後部に絞りが入っている。前面は3枚窓で、中央の大型窓ガラスの両脇の窓は狭い車体幅に合わせて細長いのが特徴。そのため、他の車に比べて貧弱で安っぽい印象が免れない。◎1968（昭和43）年　撮影：山田虎雄

国鉄中央線信濃町駅西側脇の専用軌道の橋を渡り、神宮外苑の中を進む1227万世橋方面行き。左側には「高級果実」という看板の果物店、左奥に見える鉄筋コンクリートの建物は慶応病院である。1227は昭和12〜17年に老朽化した旧1000形の台車・電装品を流用し、1200形1201〜1309として109両が製造された高床式半鋼製車体ボギー車。戦前流行した流線型車体で、張り上げ屋根、上部が後方に傾斜した前面が特徴。3段ステップの乗降口の扉は当初折戸式であったが後に引戸式に改造。戦災による焼失車は45両。うち25両が復旧して89両が在籍。昭和36〜39年に車体が延長改造されて1500形に形式変更される。◎1951（昭和26）年11月17日　撮影：中村夙雄

お堀沿いの内堀通りを行く711飯田橋行き。700形は昭和17年に701～720が登場。当時流行した流線型車体の軽量小型車。戦災により8両を焼失したがその後3両を復旧して15両になった。側窓上に幕板のない張り上げ屋根、小型車にもかかわらず車端部を若干絞った形状、丸みの大きな深い屋根と後方に傾斜した前頭部デザインが特徴。車体カラーは5500形以降のクリームにえんじ色帯に塗り替えられた姿。後ろには大手音響会社の電光式広告看板が見える。◎1964（昭和39）年5月17日　撮影：丸森茂男

靖国通りを市ヶ谷駅前で右折して市ヶ谷橋を渡って西へ向かう12系統5023新宿駅前行き。12系統は両国駅前～新宿駅前の靖国通りを主に東西に行く都内横断ルート。5023は中央乗降口が撤去され、新塗装化後の姿。車体角には日の丸の国旗がはためく祝日の風景。比較的に低層の飲食店のビルが並ぶこの界隈は現在もそれほど変わらない。◎1967（昭和42）年11月3日　撮影：荻原二郎

新宿

12系統6264新宿駅前行き。新宿三丁目停留場は、靖国通りの四谷四丁目から新宿通りに入って新宿二丁目で右折後、新宿柳通りの細い通りにあった停留場で、都会の喧騒から隔絶された落ち着いた路地の雰囲気があった。このあとすぐに四谷三光町で左折して再び靖国通りに入って間もなく、歌舞伎町の入り口にあった終点新宿駅前に到着する。6264は都電で最も多く造られた6000形の中期型で、都電の顔というべきもの。正面中央の行先表示幕が電動式の羽深式に取り替えられる前の原型を残した姿である。
◎1968（昭和43）年　撮影：山田虎雄

夏の終わりの陽射しに照らされた新宿駅東口駅前の新宿通りに面した停留場に停車中の5017月島行き。11系統であろうが系統表示は見えない。電停の前には1926（大正15）年創業の「二光食品店」という食料品専門の百貨店がある。鉄筋コンクリートの欧風建築の前面には「大食堂」の文字が見える。現在は1980（昭和55）年に建て替えられたスタジオアルタとなっている。その右隣りには大阪銀行の鉄筋コンクリートが。現在のみずほ銀行新宿支店であろうか？乗客が行列を作っている。奥には車体幅の狭い4220が見える。新宿駅前電停は狭隘のため、迂回新線の完成により1948（昭和23）年12月25日に市ヶ谷方向から新宿通りの新宿三丁目を右折して靖国通りを左折して入り、国鉄ガード手前の場所に移転した。◎1948（昭和23）年9月30日　撮影：中村夙雄

青梅街道にある新宿駅前停留場の3本の発着線で11系統5021月島行き・12系統5001岩本町行き・13系統4052秋葉原駅行きが仲良く並ぶ。小春日和を思わせるこの日の朝は休日なのか、人通りが少ない。世紀のイベントである東京オリンピックが無事終わり、人々の生活に落ち着きが戻ってきた頃。後ろの101系は都電と同じ明度であることからカナリア色の山手線であろう。5021と5001の屋根が違う事に気が付く。5021は初期の改造車で雨樋位置が変わらず原形に近いが、後期改造の5021はオデコ部分が張り上げ屋根となって6000形のようなスタイルになっている。線路の向こう側に見える緑屋は1977（昭和52）年に閉店し、そのビルは現存しない。◎1964（昭和39）年11月9日　撮影：荻原二郎

半鋼製2扉の3134。3134は東京市電3000形として大正11〜13年に3001〜3610という実に610両が大量生産された2扉鉄骨木造ボギー車。両数の多さから全線で活躍し東京市電の基本になった車両で、台車は低床式のD-10、木造車ながら堅牢性の為に鉄骨を使用、乗降口は2枚引戸で前後2か所となった。車体幅は広く、車端部の絞りもない。深い屋根はシングル・ルーフである。第二次世界大戦の戦災により373両もが焼失。残存車は昭和24年より車体鋼体化されて新3000形に生まれ変わった。◎1942（昭和17）年1月31日　撮影：中村夙雄

東京市電新宿車庫に並ぶ4238他の車両群。隣は1930（昭和5）年製造の車体幅の広い大型3扉半鋼製車5000形5001〜5012の1両である。2次車5013〜5024は1944（昭和19）年に増備された。ほとんどが車端部を絞られた4000番代の木造車体ボギー車。新宿車庫は東京市街鉄道時代の1903（明治36）年12月29日の神田〜両国、半蔵門〜新宿の開業と共に開設された。現在の新宿3丁目で、1933（昭和8）年9月に開店した伊勢丹新宿本店の西隣にあったが、新宿駅前の狭隘化から、1948（昭和23）年12月25日に新田裏〜四谷三光町〜角筈町の迂回新線の完成により、新宿駅前電停は新宿通りから靖国通りに移転。同時に車庫は新宿繁華街の奥の新宿6丁目に開設された大久保車庫となって移設された。新宿車庫は現在、伊勢丹新宿店の西半分と伊勢丹メンズ館となっている。◎1935（昭和10）年頃　所蔵：高木恭輔

細身の車体が良くわかる4245の前面。前後にWポールが合計4本付いている。◎1942（昭和17）年3月14日　撮影：中村夙雄

刑務所の中にいるような新宿車庫の高塀の中に佇む4212。新宿車庫は現在の新宿文化センターの位置にあった。4212は東京市電4000・4100形に続く4200形として4201〜4280が昭和2〜？年に製造された低床式鉄骨3扉木造車である。屋根は初めて鉄板張りの丸屋根シングル・ルーフとなり、正面窓下も鉄板張りとなった。車端部が絞られた細身の形状が特徴。後に屋根の鉄板腐食による雨漏りが発生し、キャンバス張りに改造され、その際通風器が撤去された。戦災により42両が焼失。残存車は昭和24年に車体鋼体化されて新4000形に生まれ変わった。◎1942（昭和17）年1月14日　撮影：中村夙雄

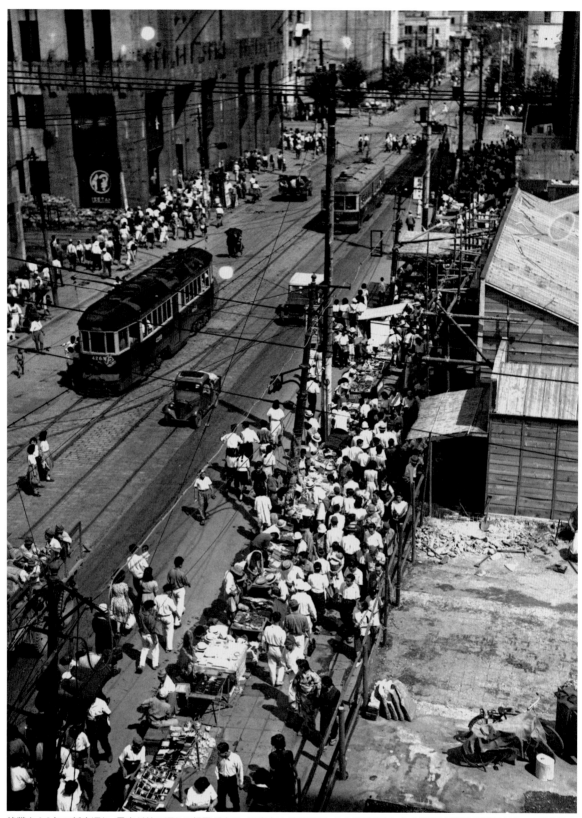

終戦から1年の新宿通り。露店が並ぶ通りに都電が走る。写真左上は伊勢丹、その手前を左に入る線路は都電の新宿車庫への引き込み線。新宿三丁目から新宿駅前までの都電は、1949（昭和24）年に靖国通りへ移動するまで、新宿通りを走っていた（新宿車庫は路線変更時に廃止）。新宿車庫前停留場に停まるのは12系統（新宿駅前～両国駅前）の4000形。後方は新宿駅前行きの5000形。◎1946年8月3日　提供：朝日新聞社

都電の新宿駅前行きの経路が、1949（昭和24）4月1日に新宿通から靖国通りに移設された。国鉄の新宿駅東口駅前が狭いため、広い靖国通りへと移った。写真後方で左に曲がるのが新しい線路で、手前が廃止された線路。新宿三丁目停留場に立つ人は、今日から停留場が廃止されたことを知らなかったのかもしれない。新宿通りから靖国通りに向かうのは幅広車体の5000形、カーブを曲がるのは車体末端が絞り込まれた3000形。伊勢丹本店の隣りにあった新宿車庫は、現在、伊勢丹の敷地の一部となっている。◎1949（昭和24）年4月1日　提供：朝日新聞社

靖国通りの新宿駅前停留場から両国方向を見る。既に通り沿いのビルは高層化が始まって現在に近い雰囲気となってきた。背中には国鉄ガードと西新宿の超高層ビルの建設が始まったころであろうか。◎1968（昭和43）年　撮影：山田虎雄

新宿西口、荻窪

青梅街道の新宿駅前停留場で停車中の14系統253荻窪方面行き。Wポールを掲げている253は側窓両端が楕円の窓となっている。強い日差しの下、街道沿いには木造の商店が軒を並べる。道行く自転車の他に1台の自動車も見当たらない。1948（昭和23）年9月30日　撮影：中村夙雄

青梅街道の新宿西口に佇む14系統251。行先は判読できない。旧西武鉄道新宿線からの引き継ぎ車輌で250形251〜255が大正14年に製造。木造車体の2扉高床式ボギー車で、運転台はオープンデッキスタイル。d2・2・2・2・2dの扉窓配置。扉出入口の柱上部入隅には補強を兼ねたコの字の飾りが見える。側窓の両端は丸窓であったが、戦後になって木板で塞がれて消滅してしまった。西武時代の形式は33形33・34、35形35〜37であった。後に一部は西武に返還後、伊豆箱根鉄道軌道線や江ノ島電鉄に譲渡、さらに一部は車体鋼体化改造で2000形に生まれ変わった。運転台を客室外側デッキ部に置いた大正生まれの木造車体は狭く、かなり草臥れが感じられる。一段下降窓を下げたところから見えるお客の表情も辛そうだ。Wポールが合計4本両側にあり、折返し時に切り替えて使用している。
◎1948（昭和23）年10月31日　撮影：中村夙雄

青梅街道の新宿駅西側に停車中の14系統2505新宿駅行き。11月末の廃止直前の風景。後ろにある緑屋は昭和35年に開店した月賦百貨店で、後に丸井のライバルとなる。業績悪化のため、西武百貨店に吸収されるカタチで昭和52年に閉店し、クレディセゾンに社名を変更。現在は新宿ダイカンプラザA館となっている。◎1963（昭和38）年9月10日　撮影：荻原二郎

青梅街道新宿駅前の停留場に停車中の2001新宿行き。通りの向こう側には丸井新宿店、朝鮮料理の店が並ぶ。2000形は改造車と新造車があり、200・3000・4000形等の木造車の走り装置を流用した改造名義で昭和26年に2001〜2012が、昭和27年に2000形木造車をタネ車に2016・2017を更新名義で車体新造。6000形タイプの張り上げ屋根、全金属車体に載せ替えて生まれた。杉並線は狭軌のため、車体幅が狭い。昭和28・30年には2013〜2015・2018〜2024を新造。停留場の奥には国鉄山手線・中央線のガードが見える。Wポールからビューゲル集電になった直後の姿で、Wポール時代のポール台が残されている。昭和38年11月の杉並線廃止後に台車を1372mmに改軌し、他の線区に転用したが、路線縮小により廃車となった。2018〜2022・2024は長崎電気軌道に譲渡され、701〜706になった。◎1958（昭和33）年8月22日　撮影：中村夙雄

青梅街道成子坂下停留場に停車中の14系統2007荻窪駅行き。廃止が目前に迫る夏の終わりの昼下がり。安全地帯のない道路上を乗車街のお客の姿。その後ろを車線変更して入ってくる我が物顔の自動車が路面電車の行く末を感じさせる。2007は2000形として2001〜2014が昭和26年に200・3000・4000形等をタネ車にして2001〜2012を改造名義で、27年に木造2000形をタネ車に2016・2017を更新名義で、昭和28・30年に2013〜2015・2018〜2024を新造。昭和38年11月30日杉並線廃止後は、都心部路線に転用。2018〜2022・2024は長崎電気軌道に譲渡されて701〜706になった。営団地下鉄丸ノ内線は昭和37年1月23日に南阿佐ヶ谷〜荻窪が開通し、都電杉並線の役目は終わりを迎えていた。1963（昭和38）年9月1日　撮影：荻原二郎

駅南口の木造家屋の住宅や商店が続く青梅街道旧道を行く2013新宿駅行き。後方の荻窪駅南口に繋がる青梅街道旧道脇にある軌道敷は舗装されていない。近くへ買い物だろうか？和服に前掛け姿の明治生まれのお婆ちゃんがこちらを見て微笑む。2013は昭和28年に製造されたばかりの改造ではなく新造車である。シングルポール集電で両側2本である。「新宿駅」は毛筆手書きのように見える。昭和31年に青梅街道の天沼陸橋開通と区画整理に伴い、天沼-荻窪駅前は駅南口から北口の青梅街道上ルートに移設された。
◎1953（昭和28）年12月12日　撮影：丸森茂男

江戸川橋、水道橋、神明町

20系統6286須田町行きが発車した直後の江戸川橋停留場にはヘルメットをかぶり足袋を履いた初老の男性が一人だけ待っている。須田町行きは音羽通りを大塚方向に行き、護国寺で右折して不忍通りに入るルート。目の前を神田川が左から右側方向に流れ、右側後方に見える緑は音羽の高台に広がる邸宅街の森。その手前を横切る軌道は目白通りを右側の厩橋から左側の早稲田へ行く39系統である。現在はその目白通りの上を首都高速道路が覆いかぶさっている。◎1968 (昭和43) 年4月30日　撮影：荻原二郎

外堀通りと白山通りが交わる水道橋交差点から見た18系統6098志村坂上方面行きの後ろには後楽園とその奥には後楽園球場内の照明スタンドが見える。交差点を渡って上り坂が始まる場所。18系統は神田橋～志村坂上で約12kmの都電で最も長い路線であった。全区間が他系統と重複している。本郷通りの神田橋から外堀沿いを西に行き、一ツ橋で右折して白山通りを北上して都内を縦断。千石一丁目から国道17号中山道に入って巣鴨駅前、板橋駅前を経て志村坂上に至るルートで、大半が現在の都営地下鉄三田線の上を行く。都電と車が行き交う交差点は、路面電車の吊り掛け駆動と軌道のジョイントを通過する音、遊戯施設の音と子供の歓声、球場スタジアムからの試合の熱狂が交錯する音の交差点でもある。◎1967(昭和42)年3月　撮影：小川峯生

不忍通り神明町を行く須田町行き。神明町は上野神明町と呼ばれる停留場で、近くに車庫がある。7000形は5500形の後に現れた新型車で1954(昭和29)～1956年にかけて7001～7093が製造された。張り上げ全金属製車体であるが、P.C.Cカーの技術を採り入れた5500形ほど先進的な外観ではなく、6000形・6501の箱型を引き継いだイメージ。駆動方式はカルダン駆動ではなく、旧来の吊り掛け式駆動である。5500形に続き、乗降口が左右非対称の2扉車。扉の足元にも窓ガラスが入り、側窓の天地が大きく採光性が良くなった。7000形は新造・新造試作・改造車を含む5つのグループがあり、7001～7019は昭和29年製の1次車で運転台に大きなマスコンを持つ直接制御車。台車はD-18である。7020は昭和29年11月製造のカルダン駆動試作車。1次車と同じ車体に東芝製TT-101台車を履くカルダン駆動で、床下に制御器を搭載し、運転台のマスコンで操作する間接制御式の高性能車。サービス電源用MGが搭載された。7021～7030は1954年製の改造車で、旧1000・1100形をタネ車として主要機器、台車はD-10またはD-16を流用して車体を新造した直接制御車。車体は1次車とほぼ同じであるが車掌台に相違がある。7031～7050は1955年製の2次車で間接制御の新造車。台車はD-20になり、モータは70H×2にパワーアップし、MGを搭載。車体は正面窓の天地寸法を拡大。右側窓が上下二段の開閉式から前後開閉式になり、側面の雨樋が窓下まで延長された。車体塗色は緑色の濃淡が濃い色になり、窓枠が車体同色塗装のスチール製から無塗装のアルミ製になって印象が変わった。7051～7093は昭和30～31年製の3次車。正面窓が2枚ともに上下開閉式となって下部に細い横桟が付き、台車はD-20Aとなった。7022は改造車でその直後の姿。7000形で始まった緑色濃淡の車体カラーは当初は薄い色であった。◎1954(昭和29)年5月1日　撮影：中村夙雄

巣鴨車庫前から中山道を経て白山通りの坂を下り、文京区役所前の停留場に差し掛かる35系統8093西新橋一丁目行き。都電のすぐ隣にはいすゞの大型トラックが並ぶ。現在はこの経路の下を都営三田線が走る。2000年に文京区役所は地上27階建ての「文京シビックセンター」に建て替えられた。後ろに見える商店街は高層化せず、雰囲気は今も大きく変わらない。◎1967（昭和42）年3月15日　撮影：荻原二郎

池袋

トロリーバス200形202と222が縦列に停車中。222には路線系統を表す「102」の数字が見える。池袋駅〜渋谷駅〜品川駅である。その奥に都電8000形が池袋駅前停留場に停車中。西武百貨店中層階からの俯瞰と思われる。駅前南口に広がるアーケード商店街はお店が代わった今も変わらず都内有数の繁華街である。トロリーバスは昭和27年5月20日の今井橋〜上野公園で営業を開始。昭和30年6月1日に池袋駅〜千駄ヶ谷四丁目開業。同年12月27日に千駄ヶ谷四丁目〜渋谷駅、31年9月21日に渋谷駅〜品川駅、32年1月12日に池袋駅前〜亀戸四丁目、33年8月18日に池袋駅前〜浅草駅が相次いで開業。しかし、その後の新規開業はなく、昭和42年12月11日に渋谷駅〜品川駅が廃止となり、昭和43年3月31日に渋谷駅〜池袋駅〜三ノ輪二丁目〜亀戸四丁目、三ノ輪一丁目〜浅草雷門が廃止、そして同年9月30日には今井橋〜上野公園の廃止をもって東京都から昭和27年以来のトロリーバスが消えた。◎1968（昭和43）年　撮影：山田虎雄

池袋駅前停留場の2線の発着線で並ぶ17系統8083と3020数寄屋橋行き。終端駅であるが、意外にも車止めが歩道の縁石程度の粗末なものである。池袋駅の駅前大通りの両側には柳の木が植えられ、右側には戦後この地に創業した手芸用品店キンカ堂池袋本店が見える。平成22 (2010) 年2月に閉店している。左側に斜めに入る通りはまだサンシャイン通りとは呼ばれていない。
◎1967 (昭和42) 年　撮影：山田虎雄

新造間もない7066が駒込車庫に休む。3次車7051〜7093のうちの1両で1955（昭和30）年12月に完成したばかり。正面窓が2枚ともに上下開閉式となって下部に細い横桟が付いて洗練された顔になり、台車はD-20Aとなった。ビューゲルの底部にはビューゲルカバーが装着されてスタイリッシュな姿。駒込車庫は国鉄山手線駒込駅のすぐ北側に山手線と平行に車庫線が並んでいた。◎1956（昭和31）年1月2日 撮影：中村夙雄

17系統7001神保町行き。7001は5500形以降の新塗装に塗り替えられた姿。「駅袋」と言われる左側のビルは昭和15年3月に「武蔵野デパート」として創業し、24年4月に「西武百貨店」に社名変更した西武百貨店池袋店、右側丸物百貨店池袋店（現パルコ池袋店）が見える。東口の広い駅前通りの両側の歩道には柳の木がそよぎ、舗装されているにもかかわらず、道路上には石ころが転がっている。駅前ロータリーには折返しの都電が2両見える。◎1960（昭和35）年5月5日　撮影：小川峯生

大塚

向原を出て、省電大塚駅を前方に見上げながら専用軌道の坂を下ってゆく旧王電175。大塚駅南側の現在も荒川線として都電が走り続けているが、駅前はビル群が立ち並び、軌道の曲がり具合から場所の推定をするのが精一杯。現在では大塚駅前を出て北側に巣鴨新田を過ぎたカーブに似た雰囲気の場所があるが、こちらは上り坂で地形が違う。大塚は東京の北に位置する山手線の駅。戦後間もないこの頃は都内の駅前でも郊外のような雰囲気が残されていた。◎1948(昭和23)年10月22日　撮影:中村夙雄

南大塚通りにある大塚駅前停留場に停車中の16系統7001錦糸町駅行きと3157他。大塚駅前からゆるやかな坂を上って新大塚から春日通りに入り、上野広小路、厩橋を経て錦糸町駅前に至る。7000形ファーストナンバー7001は昭和40年代に入って正面窓を3枚窓に改造した後の姿。通りの左側にある中華料理店「山海楼」は建物は建て替えられたが現在も同所で盛業中。右側にある大野ふとん店も現存する。低層のビルはほとんどが高層化されて建て替えられて空が狭くなっている。◎1967(昭和42)年　撮影:山田虎雄

東池袋四丁目停留場を発車して通りを渡った164が早稲田を目指す。164は旧王子電気軌道の2扉小型車で、深い屋根とサイコロのような小さな窓が特徴。この停留場は通りを挟んでプラットホームが互い違いにあり、手前に見えるプラットホームにいる人々は三ノ輪橋方面行きを待っているところである。通りは池袋南口の駅前から続く道路で、交差する軌道は数寄屋橋行きの17系統である。周辺はアパートなどが密集する住宅地。この通りの上には首都高5号池袋線が被さり、昼間でも陽が差すことはなくなってしまった。
◎1967 (昭和42) 年　撮影：山田虎雄

32系統7070早稲田行き。山手線大塚駅ホームからの俯瞰。都電と道路との位置関係は今も変わらないが、建物の多くは高層化している。◎1972 (昭和47) 年5月6日　撮影：荻原二郎

巣鴨、王子、赤羽

35系統7087東洋大学前行き。中山道を都心に向かって山手線巣鴨駅と線路をオーバークロスする橋を渡るところ。右側には巣鴨駅、その奥には駅前商店街が見える。建物の多くは現在も変わっていない。7087は7000形の3次車のうちの31年7月以降に製造された7074～7093のグループで、集電装置がビューゲルからZパンタに変更された。◎1968（昭和43）年3月5日　撮影：荻原二郎

41系統4060巣鴨行き。中山道から斜めに入った細い通りの入り串には巣鴨地蔵通り商店街のアーケードが見える。この日は何かの行事のある日なのか？朝からコートを着込んだ年配の人の行列が見える。巣鴨車庫は中山道の右手のアーケード商店街の反対側にあった。◎1965（昭和40）年2月10日　撮影：江本廣一

国道17号中山道を行く18系統6107志村坂上行き。都心方向を望む中山道の奥には金網で囲まれた東京ガスのタンクが見える。右側には富士電機の文字が見える。倉庫であったが、現在は葬儀場になっている。現在は中山道の上には首都高速道路が空に覆いかぶさり、空の広いこの光景は一変してしまった。◎1966（昭和41）年5月28日　撮影：荻原二郎

王子駅前のカーブを行く153は行先表示が判読できず。153は旧王子電気軌道200形で昭和2年に201〜207が製造された王子初の半鋼製高床式車体のボギー車。昭和17年の交通調整法施行により路線と共に東京市に引き継がれ、東京市電150形151〜157に改番された。半鋼製車体で窓が小さく屋根が深いのが特徴。駅前にもかかわらず後方には木造平屋家屋と草地が点在し、手前に眼鏡屋などの商店が見えるが、1台の車もない。昭和27年に3000形車体鋼体化の際にタネ車となって主要機器を供出して全車廃車。抜け殻となった車体は江ノ島電鉄に2両、秋田市電に2両が車輛メーカーから新車として譲渡され、第二の活躍の場を得た。◎1948（昭和23）年10月22日　撮影：中村夙雄

王子駅前のロータリーに面したカーブを行く172は旧王子電気軌道車両。27系統は三ノ輪橋-赤羽で、その前身は王子電気軌道のもの。昭和7年に全通し、その僅か10年後、戦時中の昭和17年に施行された交通調整法により、東京市に車両と共に買収された。つまり、27系統を行く旧王子軌道車両は王子電軌時代と路線名以外変わることがない風景である。172は王子電軌の昭和2年に低床式半鋼製車体ボギー車として200形216〜223の8両を製造。昭和17年の東京市電引継ぎ時に王子200形は製造メーカーごとに東京市電150・160・170形の3形式に区分されている。170形171〜178の1両は川崎市電に譲渡され、2両は3000形のタネ車となり、抜け殻となった車体は1両が江ノ島電鉄に譲渡された。残る5両は原型を保ちながら昭和43年頃から廃車となった。駅前の鉄筋コンクリート7階建ての王子百貨店の壁面にはお正月の凧揚げの飾りが残っている。隣には当時は貴重品であった牛すき焼き店の看板が目に入る。
◎1953（昭和28）年1月30日　撮影：丸森茂男

初春の本郷通り飛鳥山の森を背景に快走する19系統7065駒込駅行き。7000形は昭和47年の27・32系統以外の全路線廃止時に7001〜7054が廃車。残った7055〜7093（7079・7080・7085・7088・7090〜7093を除く）は7001〜7031に改番して荒川線と名前を変えた同線で活躍。昭和53年4月のワンマン運転開始に合わせて昭和52〜53年に車体新造。新装なった都電荒川線の主役として活躍を続けた。◎1956年1月2日　撮影：中村夙雄

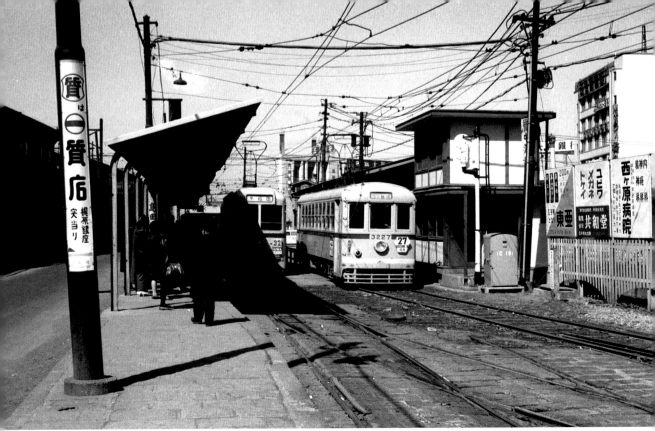

王子駅前停留場に並ぶ32系統7055早稲田行きと27系統3227三ノ輪橋行き。32系統は早稲田起点、27系統は赤羽起点で共に三ノ輪橋までの区間は共通で、王子駅前～三ノ輪橋は共通で、ほぼ全区間が専用軌道である。すぐ左側には国鉄王子駅が、駅前には王子百貨店の他、銀行が増えて都内の駅らしい風情になってきた。7055は前面窓の下部に横桟が見える昭和31年製の三次車。
◎1964（昭和39）年2月28日　撮影：丸森茂男

飛鳥山停留場を発車する1022荒川車庫行き。1022は定期検査出たてで屋根の塗装もピカピカ。停留場脇には不動産屋、洋服店、蕎麦屋さんが軒を並べる。蕎麦屋さんの暖簾が風にそよぐ。大塚駅前を出て専用軌道を走り、この停留場を出るとすぐに右折し、本郷通りの路面区間に入る手前。9月に入りまだ残暑が厳しい中、時折吹く風が心地よい。背広を手にした外回りのビジネスマン。澄んだ青空に真っ白な積雲が浮かぶ。◎1956（昭和31）年9月9日　撮影：中村夙雄

専用軌道区間の滝野川一丁目停留場に停車中の旧王電172早稲田行き。停留場横には建設会社の工場が見える。事業所や住宅の混在する飛鳥山〜滝野川一丁目付近の風情は今もそれほど変わらない。◎1958（昭和33）年8月7日　撮影：中村夙雄

27系統三ノ輪橋〜赤羽の終端、国道122号北本通りの赤羽停留場で折返し停車中の8044三ノ輪橋行き。北のはずれの何処となく寂しい雰囲気を感じさせる。27系統は王子電気軌道が1932年に開通させた路線。10年後の1942年に交通調整法の施行により東京市に買収される。赤羽停留場は国鉄赤羽駅からかなり北方向に離れた荒川に近い場所で、現在は東京メトロ南北線赤羽岩淵駅がある。周辺は通り沿いの商店とアパートや住宅が混在し、右側にある「御餅菓子　中越屋」は中越ビルに代わっている。一部が高層化したビルを除き、現在も風景はそれほど変わらない。◎1966（昭和41）年　撮影：日暮昭彦

町屋、荒川車庫、三ノ輪橋、千住

京成町屋駅のガード下を行く27系統7076三ノ輪橋行き。7076は昭和30年製の3次車。モータが52kw/hにパワーアップされ、マスコンが直接制御から間接制御となり、前面窓ガラスの下段が開閉可能となっている。町屋駅前の停留場はガードの向こう側にあり、駅施設はリニューアルされたが、停留場ホーム後ろに見える商店街の賑わいは今も変わらない。◎1970(昭和45)年 撮影:山田虎雄

荒川車庫前の引込み線を前に専用軌道を行く173三ノ輪橋行き? プラットホームには女学生が2人。王子電気軌道時代の架線柱が郊外電車のような雰囲気。後ろにある校舎のような建物は荒川車庫もしくは営業所の建物であろう。
◎1954 (昭和29) 年2月21日　撮影：中村夙雄

明治通りと斜めに交わる梶原停留場の赤羽寄りからのアングル。2507は元14系統杉並線からの転属車。昭和38年11月の同線廃止に伴い、台車を1067→1372mm改軌改造が行われた。2500形は木造車2000形をタネ車として改造名義の車体更新車で、昭和33年に2501・2502が交通局の芝浦工場で、昭和34年に2503～2508が富士自動車で製造された。コストダウンを図るため車体はバスボディの工作手法を採り入れた。局工場製の2両は車体側面に2本のリブがあるのが特徴。全金属軽量車体の張り上げ屋根で、側面は「くの字」断面形状で補強のリブが付いている。側窓は一段上昇窓の上にHゴム支持の細長い窓が並ぶ所謂バス窓タイプで、都電譲りの前面とバスの側面を繋いだようなスタイルが特徴である。◎1964（昭和39）年12月22日　撮影：丸森茂男

尾久八幡神社の鳥居の前を通り過ぎる8044三ノ輪橋行き。奥にある日興信用金庫は現在、現在常北信用金庫尾久中央支店となっていて。周辺の風景はそれほど変わっていない。8000形は昭和31年に登場したコストダウン軽量設計車で、耐用年数13年程度を想定した設計であった。丸みを抑え、無駄を廃した簡素なデザインが特徴。昭和47年の荒川線を除く路線廃止と共に全車が廃車となった。◎1968（昭和43）年2月3日　撮影：中村夙雄

27系統7510赤羽行きとその後ろに6229荒川車庫行きが見える。本線2本の外側両側に2本のプラットホームが使用されている時代で、現在はこのホームは使われておらず撤去された。密集する周辺の家並みの雰囲気は今も変わらない。◎1969（昭和44）年　撮影：山田虎雄

27系統7506荒川車庫行きと7048赤羽行き。線路2線の両脇にホームがある終端駅であったが、現在は右側の1線とホームを使用している。左側後ろに見えるビルは王子電気軌道時代からの駅舎で現存し、壁面には同社の社紋を見る事が出来る。駅舎ビルの手前を縦横に商店街があり、その賑わいと雰囲気は今も変わらない。◎1970（昭和45）年12月6日　撮影：荻原二郎

「王電入口」と書かれたこのビルは旧王子電気軌道所有のビルで、東京市に引き継がれ、都電荒川線となった今でもこのビルとその正面にある壁面の装飾等がそのまま残されている。周辺のアーケードの商店街とその中心にある都電荒川線三ノ輪橋停留場の賑わいは下町風情を色濃く残し、大切にしたい東京の風景のひとつである。◎1969（昭和44）年　撮影：山田虎雄

三ノ輪車庫のトラバーサー奥に顔を並べる1576・1599・4007。4007の細く絞った馬面が良くわかる。1576・1599は、ホヘサ1471形1471〜1652として182両が1914（大正3）〜1919年に局工場で製造された木造車体8輪ボギー車。全長11,280mm、全幅2,210mm、全高3,540mmで二重屋根である。台車は当初、米国のブリル27GE-1であったが、途中から東京市電初の国産D1、D2を履いた。称号の「ホ」はボギー車、「ヘ」はベスティビュール（運転室の前面に付けられた雨除けの窓と板）付、「サ」は1914年製車体を表す。4007は4000形4001〜4050として50両が1927（昭和2）〜1929年に日本車輌、局工場で製造された中央出入口付低床木造車体8輪ボギー車。全長12,550mm、全幅2,134mm、全高3,530mmで二重屋根。全長が長く、車端部は車幅が絞り込まれている。台車はD111を履いた。1949（昭和24）年から3000形とともに車体鋼体化された。◎1942（昭和17）年4月18日　撮影：中村夙雄

南千住停留場に停車中の22系統7068日本橋行き。7068は前面窓下段が開閉式の3次車。後ろに国鉄常磐線南千住駅、その手前のガードを営団地下鉄日比谷線3000系が通り過ぎる。都電の陰に隠れて見えにくいが、日比谷線のガードの手前には国鉄隅田川貨物操車場に通じる大踏切がある。22系統は南千住から都道464号を南に進み、墨田公園前からは国道6号に入って只管南下して新橋に至るコース。昭和初期からの商店街は今も多くが鉄筋コンクリートのビルに建て替えられたが、「勉強屋」は今も同所で営業中。周辺の雰囲気はあまり変わらない。◎1969（昭和44）年　撮影：山田虎雄

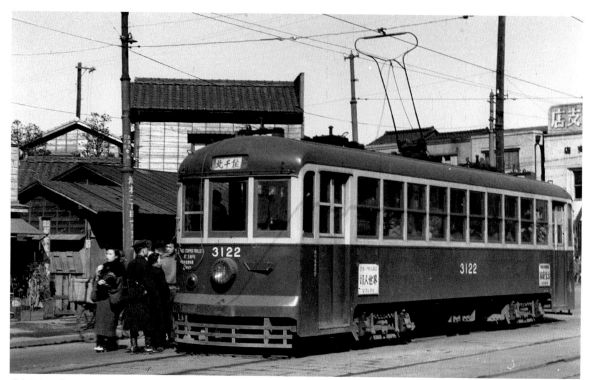

昭和通りの「坂本二丁目」「次ハ金杉一丁目」と書かれた木製の電柱のある停留場に停車中の3122北千住行き。前面の系統表示がないが、千住四丁目〜水天宮前の21系統である。坂本町の地名は1965（昭和40）年の住居表示変更で下谷一丁目・二丁目、根岸一丁目・二丁目に編入されて現存しない。国鉄鶯谷駅に通じる言問通り沿いの銀行らしき建物と看板建築風の商店、しもた屋の木造家屋が見える。混雑していて乗り切れないお客が次の電車の到着を待ちわびている様子。坂本二丁目は現在の下谷二丁目である。◎1950年2月18日　撮影：中村夙雄

水天宮行き?3110が夏の陽射しに照らされた下町の白く乾いた通りを行く。通り沿いの商店は木造平屋建てが並ぶ。都電の側面の下段窓はすべて開けられ、並んで座る乗客、立ったまま運転する運転士の白いシャツが眩しい。今日も暑くなりそうだ。3000形は昭和24〜28年に3001〜3242が木造3000形を中心に残存木造車・150形等をタネ車として半鋼製車体を新造して生まれた。昭和25〜28年製の中に12両の新造車を含み、6000形の290両に次ぐ242両の大世帯。車体は6000形とほぼ同じであるがタネ車の台枠の関係から寸法は6000形よりやや小さい。都電といえば6000形タイプの車体が思い浮かぶほど、6000形ファミリの4000形と共に3000形は都電の顔として長く親しまれた。◎1950 (昭和25) 年7月11日　撮影:丸森茂男

日光街道を行く21系統3118水天宮前行き。後ろに隅田川にかかる千住大橋のトラスが見える。千住大橋停留場の安全地帯からの撮影。3000形は木造車3000形を昭和24〜26年にかけて車体を載せ替えて生まれ変わった車両で、当時最新鋭の6000形と同タイプの車体である。車体は運転室脇の下降窓の幅の違いが識別点で、タネ車流用の台車を見ても似たような形状のため、パッと見て6000形と見分けるのは難しい。◎1967年11月5日　撮影:荻原二郎

【著者（写真解説）】
稲葉 克彦（いなば かつひこ）
昭和36（1961）年千葉県生まれ。流通・印刷会社勤務を経て鉄道ライター。幼少より飛行機・鉄道に興味を持ち、昭和49年から地元の鉄道を中心に写真を撮り始める。昭和53年から鉄道雑誌に投稿を始め、数多くの記事を掲載。旧型国電・私鉄電車・ローカル私鉄を中心に各地を撮り歩く。鉄道友の会会員。鉄道ファン「新京成モハ100形物語」、鉄道ピクトリアル臨時増刊号「京成車両めぐり」「東武車両めぐり」、著書に『大榮車輛ものがたり』2014～2015年（ネコ・パブリッシング）。「国鉄マンが撮った 昭和30年代の国鉄・私鉄カラー写真風景」（フォト・パブリッシング）

【写真提供】
江本廣一、小川峯生、荻原二郎、中村夙雄、日暮昭彦、丸森茂男、山田虎雄

【執筆協力】
生田 誠（地図解説）

都電が走った 1940年代～60年代の 東京街角風景

2018年1月5日　第1刷発行

著　者……………稲葉克彦
発行人……………高山和彦
発行所……………株式会社フォト・パブリッシング
　　　　　　　　〒161-0032　東京都新宿区中落合2-12-26
　　　　　　　　TEL.03-5988-8951　FAX.03-5988-8958
発売元……………株式会社メディアパル
　　　　　　　　〒162-0813　東京都新宿区東五軒町6-21（トーハン別館3階）
　　　　　　　　TEL.03-5261-1171　FAX.03-3235-4645
デザイン・DTP………柏倉栄治（装丁・本文とも）
印刷所……………株式会社シナノパブリッシングプレス

ISBN978-4-8021-3084-4 C0026

本書の内容についてのお問い合わせは、上記の発行元（フォト・パブリッシング）編集部宛てのEメール（henshuubu@photo-pub.co.jp）または郵送・ファックスによる書面にてお願いいたします。